Y.5703.

Y. 3166.
23.

PREFACE,
AV LECTEVR.
Par F. O. P.

PVis que le iugement que i'ay fait de cet ouurage, est vne des principales causes, qui a porté Monsieur de Schelandre à le publier ; il me semble que ie suis responsable de toutes les obiections qu'on luy peut faire en ceste occasion, & qu'il sera pleinement excusé de tout le blasme qu'il pourroit encourir de ceste action, s'il en rejette la faute sur moy. Ie luy ay dict tant de fois que Tyr & Sidon estoit vne bonne piece, qu'à la fin il s'est laissé persuader qu'elle n'estoit pas mauuaise, & qu'il pouuoit l'a donner au public à mes perils & fortunes. C'est vne chose estrange, que l'homme dont ie parle, qui à l'aage

ã ij

PREFACE.

de vingt-cinq ans a composé trois liures d'vne Stuartide, admirée de ce docte Roy de la Grand' Bretagne, qui a faict asseoir aupres de luy les Muses dans son propre throsne, ait maintenant de la peine à se resoudre de nous faire voir vne Tragicomedie, qu'il a trauaillée auec tant d'art & tant de soin.

Mais il en est ainsi, que plus nous auançons en la cognoissance de quelque chose, plus auons-nous de défiance de nostre capacité, & par ie ne sçay quel contrepois d'humilité ; les plus excellens escriuains & les plus capables de contenter autruy, sont suiects à ne se contenter pas eux mesmes; Soit à cause que recognoissant mieux que les autres, la foiblesse de l'esprit humain, ils en méprisent dauantage les operations; soit que se proposant tousiours en leur imagination vne Idée tres-parfaicte, ils se faschent de ne la pouuoir executer à cause du defaut des termes qui ne peuuent iamais assez bien exprimer leur pensée.

PREFACE.

Quoy que c'en soit, la crainte de ne pouuoir satisfaire à autruy, n'est pas la principale raison qui fait que les plus habiles hommes retiennent si long-temps leurs œuures dedans le cabinet, & qu'ils passent tant d'années à les polir parauant que de les presenter aux yeux de tout le monde. Si est-ce qu'il faut donner beaucoup de choses à l'opinion des autres, & puis que nous sommes obligez d'y reigler la pluspart des actions de nostre vie, il faut y conformer aussi, tant que nous le pouuons faire sans interest de la sagesse, nos paroles & nos pensées. Que s'il arriue qu'elles s'en escartent quelquesfois, il ne faut point estre si dedaigneux, que de ne vouloir pas rendre raison de nostre faict; au contraire il me semble qu'il est treshonneste d'esclaircir chacun pourquoy nous nous sommes iettez à quartier du chemin ordinaire, pour tenir vne route particuliere. Or comme le monde est presque tousiours diuisé en opinions con-

PREFACE.

traires, il arriue ordinairement que nous sommes mieux accompagnez, & que nostre party est plus fort que nous ne pensons, & au suject que ie traicte ie suis asseuré d'auoir la moitié du monde de mon costé, tandis que ie tascheray de conuertir l'autre.

Ceux qui deffendent les anciens Poëtes reprendront quelque chose en l'inuention de nostre Autheur, & ceux qui suiuent les modernes trouueront à dire quelque peu à son elocution. Les premiers, qui sont les doctes, à la censure desquels nous deferons infiniment, disent que nostre Tragicomedie n'est pas composée selon les loix que les anciens ont prescrittes pour le Theatre, sur lequel ils n'ont rien voulu representer que les seuls euenemens qui peuuent arriuer dans le cours d'vne iournée. Et cependant tant en la premiere, qu'en la seconde partie de nostre piece, il se trouue des choses qui ne peuuent estre comprises en vn seul iour, mais qui re-

PREFACE.

quiérent l'eſtenduë de pluſieurs iours pour eſtre miſes à execution.

Mais auſſi les anciens pour éuiter cet inconuenient de ioindre en peu d'heures des actions grandement éloignées de temps, ſont tombez en deux fautes, auſſi importantes que celles qu'ils vouloient fuyr; L'vne, en ce que preuoyans bien que la varieté des euenemens eſt neceſſaire pour rendre la repreſentation agreable, ils font eſchoir en vn meſme iour quantité d'accidens & de rencontres qui probablement ne peuuent eſtre arriuez en ſi peu d'eſpace. Cela offenſe le iudicieux ſpectateur qui deſire vne diſtance, ou vraye, ou imaginaire entre ces actions-là, afin que ſon eſprit n'y découure rien de trop affecté, & qu'il ne ſemble pas que les perſonnages ſoient attitrez, pour paroiſtre à point nommé comme des Dieux de machine, dont on ſe ſeruoit auſſi bien ſouuent hors de ſaiſon. Ce defaut ſe remarque preſque dans toutes les pieces des anciens, & principalement où il se fait quelque recognoissance d'vn enfant autresfois exposé. Car sur l'heure mesme, pour fortifier quelque coniecture fondee sur l'âge, les traits de visage, ou sur quelque anneau, ou autre marque, la personne dont on s'est seruy pour le perdre, le Pasteur qui l'a nourri, la bonne femme qui l'a allaitté, &c. se rencontrent & paroissent foudainement, comme par art de magie sur le theatre; quoy que vray-semblablement, tout ce peuple-là ne se puisse ramasser qu'auec beaucoup de temps & de peine. Toutes les Tragedies, & les Comedies des anciens sont pleines de ces exemples.

Sophocle mesme, le plus reglé de tous, en son Oedipe Regnant, qui nous est proposé par les experts, comme le modelle d'vne parfaite Tragedie, est tombé en cet inconuenient: Car sur l'heure mesme que Creon est de retour de l'Oracle de Delphes, qu'on est en peine de trouuer l'Autheur de la mort de Laïus, qu'on a enuoyé

PREFACE.

querir vn ancien seruiteur qui en peut sçauoir des nouuelles, & qui doit arriuer incontinent ; le Poëte faict suruenir de Corinthe, le vieillard qui auoit autrefois enleué l'enfant Oedipe, & qui l'auoit receu des mains de ce vieil seruiteur qu'on attend. De sorte que toute l'affaire est descouuerte en vn moment, de peur que l'estat de la Tragedie n'excede la durée d'vn iour. Qui ne voit en cet endroit, que la suruenuë du vieillard de Corinthe est apostée & mendiée de trop loin, & qu'il n'est pas vray-semblable qu'vn homme, qui n'estoit point mandé pour cet effet, arriuât & s'entretint auec Oedipe iustement dans l'interualle du peu de temps qui s'y écoule, depuis qu'on a enuoyé querir le viel seruiteur de Laïus? N'est-ce pas afin de faire rencontrer ces deux personnages ensemble, malgré qu'ils en ayent, & pour descouurir en vn mesme instant le secret de la mort de ce pauure Prince?

De cette obseruation de ne rien remettre

PREFACE.

à vn lendemain imaginé, il arriue encor que les Poëtes font que certaines actiõs se suiuent immediatement, quoy qu'elles desirent necessairement vne distance notable entr'elles, pour estre faites auec bien-seance. Comme quand Æschylus fait enterrer Agamemnon auec pompe funebre, accõpagné d'vne longue suite de pleureurs & de libations, sur le point mesme qu'il vient d'estre tué. Cepédant que ce parricide doit auoir mis toute la maison Royale, & toute la ville en desordre, que ce corps doit estre caché ou abandonné par les meurtriers, & que le theatre doit estre tout plein de mouuemens violens, de compassion & de vengeance; ils marchét en grande solemnité & en bel ordre au conuoy de ce malheureux Prince, de qui le sang est encore tout chaud, & qui par maniere de dire n'est que demy mort.

Le second inconuenient qu'ont encouru les Poëtes anciens, pour vouloir resserrer les accidens d'vne Tragedie entre deux

PREFACE

soleils, est d'estre contraints d'introduire à chaque bout de champ des Messagers, pour racôter les choses qui se sont passées les iours precedens, & les motifs des actiós qui se font pour l'heure sur le theatre. De sorte que presque à tous les actes, ces Messieurs entretiennent la compagnie d'vne longue deduction de fascheuses intrigues, qui font perdre patience à l'Auditeur, quelque disposition qu'il apporte à escouter. De fait c'est vne chose importune, qu'vne mesme personne occupe tousiours le theatre : & il est plus commode à vne bonne hostellerie, qu'il n'est conuenable à vne excelléte tragedie d'y voir arriuer incessamment des Messagers. Icy il faut éuiter tant que l'on peut ces discoureurs ennuyeux, qui racontent les aduantures d'autruy; & mettre les personnes mesmes en action, laissant ces lôgs narrés aux historiens, ou à ceux qui ont pris la charge de composer les Argumens & les suiets des pieces que l'on represente.

PREFACE.

Quelle différence y a-il, ie vous prie, entre les Perses d'Æschyle, & vne simple relatió de ce qui s'est passé entre Xerxes & les Grecs? y a-il rien de si plat & de si maigre, & le dégout du lecteur d'où vient-il, sinon de ce qu'vn Messager y iouë tous les personnages, & que le Poëte n'a pas voulu franchir cette loy qu'on nous accuse à tort d'auoir violee? Mais ce n'est pas mon humeur de trouuer dauantage à redire aux œuures d'vn Poëte, qui a eu le courage de combattre vaillamment pour la liberté de son pays, en ces fameuses iournees de Marathon, de Salamine, & de Platées: Laissons-le discourir en telle forme qu'il voudra de la fuite des Perses, puis qu'il a eu si bonne part à leur défaitte; & passons outre.

La poësie, & particulieremét celle qui est composee pour le theatre, n'est faite que pour le plaisir & le diuertissemét, & ce plaisir ne peut proceder que de la varieté des éuenemens qui s'y representent, lesquels ne pouuát pas se rencontrer facilement dás le

PREFACE.

cours d'vne iournée, les Poëtes ont esté cõ-
traints de quitter peu à peu la practique des
premiers qui s'estoient resserrez dans des
bornes trop estroittes. Et ce changement
n'est point si nouueau que nous n'en ayons
des exéples de l'antiquité. Qui considerera
attentiuement l'Antigone de Sophocle,
trouuera qu'il y a vne nuict entre le premier & le second enterrement de Polynice: Autrement comment Antigone eust-
elle peu tromper les Gardes du corps de
ce pauure Prince la premiere fois, & se desrober à la veuë de tant de monde, que par
l'obscurité de la nuict? Car à la seconde fois
elle y vient à la faueur d'vne tempeste &
d'vne grande pluye, qui faict retirer toutes
les Gardes, ce-pendant qu'elle, au milieu de
l'orage enseuelit son frere, & luy rend les
derniers deuoirs. D'où il resulte que la Tragedie d'Antigone, represente les actions
de deux iours pour le moins, puisque le
crime pretendu de cette Princesse, presup-
pose la Loy de Creon, qui est faicte publi-

PREFACE.

quement & en plein iour sur le theatre, en presence des anciens bourgeois de la ville de Thebes. Voicy donc l'ordre de cette tragedie. La loy ou la deffense de Creon faicte & publiee durant le iour: le premier enterrement de Polynice que ie soustiens auoir esté faict la nuict: le second durant vn grand orage en plein midy; voila le second iour.

Mais nous auons vn exemple bien plus illustre, d'vne Comedie de Menander (car nos Censeurs veulent qu'on obserue la mesme reigle aux Comedies, qu'aux Tragedies pour le regard de la difficulté que nous traittons) intitulee ἑαυτὸν τιμωρούμενος, traduite par Terence; en laquelle le Poëte comprend sans aucun doute les actions de deux iours, & introduit des acteurs qui le tesmoignent en termes tres-intelligibles. En l'acte premier, scene seconde, Chremés aduertit son fils de ne s'escarter pas trop loing de la maison, veu qu'il est desia tard. En l'acte second, scene quatriesme, Clitipho & sa bande, entre au logis pour souper auec le vieillard, & la nuict s'y passe en de beaux exercices. Le lendemain Chremés se leue de bon matin pour aduertir Menedemus du retour de Clinia son fils, & sort de la maison en s'essuyant les yeux, & prononçant ces mots, *Lucescit hoc iam, &c.* le iour commence à poindre, &c. Que s'il se trouue quelqu'vn si hardy de dire que Menander & Terence ont failly en cet endroit, & qu'ils se sont oubliez de la bien-seance qu'il faut garder au Theatre, qu'il prenne garde de n'offenser pas quant & quant les premiers hommes des Romains, Scipion & Lælius, que Cornelius Nepos tient pour estre les vrays autheurs de ceste Comedie, plustost que Terence.

Il se voit donc par là que les anciens & les plus excellents maistres du mestier, n'ont pas tousiours obserué ceste reigle, que nos Critiques nous veulét faire garder si religieusement à ceste heure. Que si toutesfois ils l'ont practiquée le plus souuent,

PREFACE.

ce n'est pas qu'ils crûssent d'y estre obligez absoluëment pour contenter l'imagination du spectateur, contre laquelle on fait bien autant de force par les deux voyes que i'ay declarées ; mais c'estoit leur coustume de n'oser se departir que de bié peu, du chemin que leurs deuanciers leur auoient tracé. Ce qui paroist, en ce que les moindres innouations du Theatre sont cottées par les anciens, comme des changemens fort importans & fort remarquables en l'Estat. Sophocle a inuenté le Cothurne, & adjousté trois personnages aux chœurs, qui auparauant luy n'estoient que de douze. Ce changement est de bien peu de consequence, & ne touche que la taille de l'acteur, & le nombre des chœurs, qui sont tousiours desagreables, en quelque quantité ou qualité qu'ils paroissent.

Or il y a deux raisons à mon aduis, pour lesquelles les anciens Tragiques n'ôt osé s'esloigner, si ce n'est de bien peu, & pied à pied, de leurs premiers modelles. La
pre-

PREFACE.

première est, que leurs Tragedies faisoient vne partie de l'office des Dieux, & des ceremonies de la Religion, en laquelle les nouueautez estant tousiours odieuses, & les changemens difficiles à gouster, s'ils ne se font d'eux mesmes & comme insensiblement; Il est arriué que les Poëtes n'ont ozé rien entreprendre, qui ne fut conforme à la practique ordinaire. Et c'est peut-estre aussi la cause pour laquelle, encor qu'ils representét des actions atroces, accompagnées & suyuies de meurtres & autres especes de cruauté, si est-ce qu'ils ne respandent iamais de sang en presence des spectateurs, & toutes ces sanglantes executions, s'entendent estre faictes derriere la tapisserie; & cela de peur que la solemnité ne soit profanée par le spectacle de quelque homicide : Car si l'on y prend bien garde, l'Aiax de Sophocle, ne se tuë pas dessus le theatre, mais dans vn boccage voisin, d'où l'on peut facilement entendre sa voix & les derniers souspirs de sa vie.

é

PREFACE.
La seconde raison, qui faict que les anciennes Tragedies ont presque vne mesme face, & sont toutes pleines de chœurs & de messagers, à bien peu pres d'vne comme l'autre, vient de ce que les poëtes desirant d'emporter le prix destiné à celuy, qui auroit le mieux rencontré, s'obligeoient d'escrire à l'appetit & au goust du peuple & des Iuges, qui sans doute eussent refusé d'admettre au nombre des contendans, celuy qui n'eust pas gardé les formes d'escrire, obseruées en telles occasions auparauant luy. Les matieres mesmes estoient prescriptes & proposées, sur lesquelles les poëtes deuoient trauailler cette année-là. D'où l'on void, que presque toutes les anciennes Tragedies ont vn mesme subiect, & que les mesmes argumens sont traitez par Æschyle, Sophocle & Euripide, Tragiques, desquels seuls quelques ouurages entiers sont paruenus iusques à nous. Il est encor arriué de là, que ces suicts & ces

PREFACE

argumens, ont esté pris de quelques fables, ou histoires Grecques en petit nombre, & fort connuës du peuple, qui n'eust pas agreé qu'on l'eust entretenu d'autres spectacles que de ceux qui sont tirez des choses arriuées à Thebes & à Troye. Adioustez à cela, que les Atheniens, ayant receu les tragedies d'Aeschyle auec vn applaudissemét extraordinaire, voulurét par priuilege special, qu'elles peussent encor estre iouées en public apres la mort de leur autheur. Ce qui les mist en tel credit, que les poëtes Tragiques suyuans, estimerent qu'ils ne se deuoient pas beaucoup escarter d'vn exemple, dont on faisoit tant d'estat, & qu'il falloit s'accommoder à l'opinion populaire, puisque c'estoit celle du maistre.

Depuis, les Latins s'estant assuiectis aux inuentions des Grecs, comme tenát d'eux les lettres & les sciences, n'ont osé remuer les bornes qu'on leur auoit plantées, & particulierement au suiect dont

é ij

PREFACE.

nous parlons. Car les Romains, ayant imité les Grecs aux autres genres de poësie, & mesmes ayant disputé du prix auec eux pour le poëme heroïque & lyrique, se sont côtenus, ou bien peu s'en faut, dans les simples termes de la traduction, en leurs Tragedies, & n'ont traitté aucun subiect qui n'ait esté promené plusieurs fois sur les theatres de la Grece.

Ie ne veux point parler d'Accius, de Næuius, de Pacuuius & de quelques autres, desquels nous auons quantité de fragmens, citez sous tiltre de fables Grecques, par les Grammairiens: les seules Tragedies Latines, qui ont esté côposées en vn meilleur siecle, qui nous restêt, sont presque toutes Grecques, tât en la matiere, qu'en la forme; excepté la Thebaïde, en ce qu'elle n'introduit point de chœurs, & l'Octauie en ce qu'elle a pour suiet vne histoire Romaine; mais celle-cy est l'ouurage d'vn apprentif, si nous en croyons Iuste Lipse, & ne merite que nous en facions beaucoup de compte.

PREFACE.

En suitte des Latins, le theatre ayant esté abandonné aussi bien que les autres lettres plus polies, la barbarie a succedé, & ce lōg interregne des lettres humaines, qui n'ont repris leur authorité que de la memoire de nos Peres. En cette restauration toutefois il s'est commis plusieurs fautes; mais ce n'est pas mon dessein d'en parler en ce lieu, & ie ne le peux entreprendre sans faire vn liure d'vne preface, & dire beaucoup de bonnes choses hors de propos. Seulement desire-roy-ie que François Bacon le Censeur public des deffauts de la science humaine, en eust touché quelque chose dans ses liures, cōme il semble que sa matiere l'y obligeoit. Ie me resserre icy dās les limites de la seule poësie, & ie dis, que l'ardeur trop violéte de vouloir imiter les anciens, a fait que nos premiers poëtes ne sont pas arriuez à la gloire, ny à l'excellence des Anciens. Ils ne consideroient pas, que le goust des nations est different aussi

ë iij

PREFACE.

bien aux obiects de l'esprit, qu'en ceux du corps, & que tout ainsi que les Mores, & sans aller si loing, les Espagnols, se figurent & se plaisent à vne espece de beauté toute differente de celle que nous estimõs en France, & qu'ils desirent en leurs maistresses vne autre proportion de membres & d'autres traits de visage que ceux que nous y recherchons : iusques-là qu'il se trouuera des hommes qui formeront l'idée de leur beauté des mesmes lineamens dont nous voudrions composer la laideur: de mesmes il ne faut point douter que les esprits des peuples, n'ayent des inclinations bien differentes les vns des autres, & des sentimens tous dissemblables pour la beauté des choses spirituelles telles qu'est la Poësie. Ce qui se fait neantmoins sans interest de la Philosophie ; car elle entend bien que les esprits de tous les hommes, sous quelque ciel qu'ils naissent, doiuent conuenir en vn mesme iugement touchant les choses necessaires pour le

PREFACE

souuerain bien, & s'efforce tant qu'elle peut de les vnir en la recherche de la verité, parce qu'elle ne sçauroit estre qu'vne; mais pour les obiets simplement plaisans & indifferens, tel qu'est celuy-cy dont nous parlons, elle laisse prendre à nos opinions telle route qu'il leur plaist, & n'estend point sa iurisdiction sur ceste matiere.

Ceste verité posée, nous ouure vne voye douce & amiable, pour composer les disputes qui naissent iournellement entre ceux qui attaquent & ceux qui deffendent les ouurages des Poëtes anciens. Car comme ie ne sçaurois que ie ne blasme deux ou trois faiseurs de chansons qui traittent Pindare de fol & d'extrauagant, Homere de resueur, &c. & ceux qui les ont imitez en ces derniers temps: aussi trouué-ie iniuste qu'on nous les propose pour des modelles parfaicts, desquels il ne nous soit pas permis de nous escarter tant soit peu. A cela il faut dire que les Grecs ont

é iiij

PREFACE.

trauaillé pour la Grece, & ont reüssi au iugemét des honnestes gens de leurs temps; & que nous les imiterons bien mieux si nous donnons quelque chose au genie de nostre païs & au goust de nostre langue, que non pas en nous obligeant de suiure pas à pas & leur inuention & leur elocution, comme ont fait quelques vns des nostres. C'est en cét endroit qu'il faut que le iugement opere, comme par tout ailleurs, choisissant des anciens, ce qui se peut accommoder à nostre temps & à l'humeur de nostre nation, sans toutesfois blasmer des ouurages sur lesquels tant de siecles ont passé auec vne approbation publique. On les regardoit en leur temps d'vn autre biais que nous ne faisons à cette heure, & y obseruoit-on certaines graces qui nous sont cachées, & pour la descouuerte desquelles il faudroit auoir respiré l'air de l'Attique en naissant, & auoir esté nourry auec ces excellens hõmes de l'ancienne Grece. Certes comme

PREFACE.

noſtre eſtomach ſe rebute de quelques viandes & de quelques fruicts qui ſont en delices aux païs eſtrangers; auſſi noſtre eſprit ne gouſte pas tel traict ou telle inuention d'vn Grec ou d'vn Latin, qui autrefois a eſté en grande admiration. Il falloit bien que les Atheniens trouuaſſent d'autres beautez dans les vers de Pindare que celles que nos eſprits d'à preſent y remarquent, puis qu'ils ont recompenſé plus liberalement vn ſeul mot, dont ce Poëte a fauoriſé leur ville, que les Princes d'auiourd'huy ne feroient vne Iliade compoſée à leur loüange.

Il ne faut donc pas tellement s'attacher aux methodes que les anciens ont tenuës, ou à l'art qu'ils ont dreſſé, nous laiſſant mener comme des aueugles; mais il faut examiner & conſiderer ces methodes meſmes par les circonſtances du temps, du lieu, & des perſonnes pour qui elles ont eſté compoſées, y adiouſtant & diminuant pour les accommoder à noſtre

PREFACE.

vsage: Ce qu'Aristote mesmes eust auoüé. Car ce Philosophe, qui veut que la supreme raison soit obeïe par tout, & qui n'accorde iamais rien à l'opinion populaire, ne laisse pas de confesser en cét endroit, que les Poëtes doiuent donner quelque chose à la commodité des Comediens, pour faciliter leur action, & ceder beaucoup à l'imbecillité & à l'humeur des spectateurs. Certes il en eut accordé bien dauantage à l'inclination & au iugement de toute vne nation ; & s'il eut faict des loix pour vne piece qui eust deu estre representée deuant vn peuple impatient & amateur de changement & de nouueauté comme nous sommes, il se fut bien gardé de nous ennuyer par ces narrez si frequens & si importuns de Messagers, ny de faire reciter prés de cent cinquante vers tout d'vne tire à vn chœur, comme faict Euripide en son Iphigenie en Aulide.

Aussi les anciens mesme, recognoiss-

PREFACE.

sant le deffaut de leur theatre, & que le peu de varieté qui s'y pratiquoit, rendoit les spectateurs melancoliques, furent contraincts d'introduire des Satyres par forme d'intermede, qui par vne licence effrenée de médire & d'offenser les plus qualifiez personnages, retenoient l'attention des hommes, qui se plaisent ordinairement à entendre mal parler d'autruy.

Cette œconomie & disposition dont ils se sont seruis, faict que nous ne sommes point en peine d'excuser l'inuention des Tragicomedies, qui a esté introduicte par les Italiens, veu qu'il est bien plus raisonnable de mesler les choses graues auec les moins serieuses, en vne mesme suitte de discours, & les faire rencontrer en vn mesme sujet de fable ou d'histoire, que de ioindre hors d'œuure, des Satyres auec des Tragedies, qui n'ont aucune connexité ensemble, & qui confondent & troublent la veuë &

PREFACE.

la memoire des auditeurs. Car de dire qu'il est mal seant de faire paroistre en vne mesme piece les mesmes personnes traittant tantost d'affaires serieuses, importantes & Tragiques, & incontinent apres de choses communes, vaines, & Comiques, c'est ignorer la condition de la vie des hommes, de qui les iours & les heures sont bien souuent entrecoupées de ris & de larmes, de contentement & d'affliction, selon qu'ils sont agitez de la bonne ou de la mauuaise fortune. Quelqu'vn des Dieux voulut autresfois mesler la ioye auec la tristesse, pour en faire vne mesme composition; il n'en peut venir à bout, mais aussi il les attacha queuë à queuë : C'est pourquoy ils s'entre-suiuent ordinairement de si pres: & la nature mesme nous a monstré qu'ils ne differoient guere l'vn de l'autre, puis que les peintres obseruent que les mesmes mouuemens de muscles & de nerfs qui forment le ris dans le visage, sont

PREFACE.

les mesmes qui seruent à nous faire pleurer & à nous mettre en ceste triste posture, dont nous tesmoignons vne extréme douleur. Et puis au fonds, ceux qui veulent qu'on n'altere & qu'on ne change rien des inuentions des anciens, ne disputent icy que du mot, & non de la chose : car qu'est-ce que le Cyclope d'Euripide, qu'vne Tragicomedie pleine de raillerie & de vin, de Satyres & de Silenes d'vn costé ; de sang & de rage de Polypheme éborgné, de l'autre ?

La chose est donc ancienne, encore que le nom en soit nouueau : il reste seulement de la traitter comme il appartient, de faire parler chaque personnage selon le suiect & la bien-seance, & de sçauoir descendre à propos du Cothurne de la Tragedie (car il est icy permis d'vser de ces termes) à l'Escarpin de la Comedie, comme faict nostre Autheur. Personne n'ignore combien le style qu'on employe en de si differentes matieres, doit

PREFACE.

eſtre different: l'vn haut, eſleué, ſuperbe; l'autre mediocre & moins graue. C'eſt pourquoy Pline le Ieune auoit aſſez plaiſamment ſurnommé deux de ſes maiſons des champs, Tragedie & Comedie, parce que l'vne eſtoit ſituée ſur vne montagne, & l'autre au bas ſur le bord de la mer.

Or comme ceſte differente ſituation les rendoit diuerſement agreables, auſſi ie croy que le ſtile de noſtre Autheur contentera les eſprits bien faicts: ſoit alors qu'il s'eſleue & qu'il faict parler Pharnabaze auec la pompe & la grauité conuenable à vn Prince enflé de ſes proſperitez, & de la bonne opinion de ſoy-meſme; ſoit alors qu'il s'abaiſſe & qu'il introduit Timadon qui dreſſe vne partie d'amour, ou vn Page deguiſé en fille qui s'en va tromper vn vieillard.

Ie ſçay bien que nos Cenſeurs modernes paſſeront legerement les yeux ſur toutes les beautez de noſtre Tragico-

PREFACE.

medie, & laisseront en arriere tant d'excellens discours, de riches descriptions, & autres rares inuentions toutes nouuelles qui s'y rencontrent, pour s'arrester à quelques vers vn peu rudes, & à trois ou quatre termes qui ne seront pas de leur goust: Mais il faut qu'ils considerent, s'il leur plaist, qu'il y a bien de la difference d'vne chanson & d'vn sonnet, à la description d'vne bataille, ou de la furie d'vn esprit transporté de quelque passion violente: & qu'icy il est necessaire d'employer des façons de parler toutes autres que là, & des mots qui peut-estre ne seroient pas tolerables ailleurs. Ioint que tout ce que reprennent ces Messieurs, n'est pas incontinent pour cela digne de correction.: Ils se mécontent fort souuent, & en l'approbation & en la reprobation des ouurages d'autruy, & des leurs propres. Et certes qui voudra plaire aux doctes & à la posterité, est en danger de desplaire à quelques esprits foibles &

PREFACE.

enuieux d'à present.

Aussi n'est-ce pas la raison que nostre Poëte soit exempt de la fatalité qui accompagne les meilleurs escriuains d'auiourd'huy, ny que ses vers tirent meilleure composition de l'enuie que leur prose : Comme ils ont rencontré des Phyllarques, il trouuera sans doute des Aristarques, ou pour mieux parler auec Ciceron contre Pison, des Tyrans & des Phalaris de Grammairiens, qui ne se contenteront pas de censurer & de passer vn trait de plume sur vn mechant vers, mais qui poursuiuront par armes le Poëte qui l'aura composé : Car voila certainement le point auquel en est venuë la fureur de certains pedans, qui ne pouuant rien faire qu'esgratigner les escrits des honnestes gens, descrient leur vie, deschirent leur reputation, & les persecutent à mort, pour ce seul crime qu'ils ne sont pas de leur opinion : Mais ils seront traittez ailleurs & par
d'autres

PREFACE.

d'autres comme ils meritent, & enfin ils verront que le temps ne se meslera pas tout seul d'oster le credit à leurs inepties & à leurs médisances.

Quant à moy ie les laisse à leurs ennemis irritez, & reuenant à Monsieur de Schelandre, ie passe de son ouurage à sa personne; pour t'aduertir, Lecteur, que faisant profession des Lettres & des Armes, comme il fait, il sçait les employer chacune en leur saison : De sorte qu'il ne seroit pas homme pour entretenir le theatre de combats en peinture, tandis que les autres se battent à bon escient; si des considerations importantes, qu'il n'est pas besoin que tu sçaches, ne luy donnoient malgré luy le loisir de solliciter des procez & de faire des liures. Que si en ces deux exercices il reüssit heureusement, i'estimeray qu'on ne luy fait que iustice, & luy se consolera en quelque sorte de la perte des occasions ou l'on acquiert des lauriers plus sanglans

PREFACE.

à la verité, mais non peuſt-eſtre plus illuſtres, que ceux qu'vne excellente poëſie, telle que celle-cy, doit eſperer de la main des Muſes & de l'approbation de tout le monde.

ADVERTISSEMENT DE L'IMPRIMEVR.

CEste piece ayant esté composée propremēt à l'vsage d'vn theatre public, où les acteurs sont priuilegiez de dire plusieurs choses qui seroient trouuées ou trop hardies, ou mal-seantes aux personnes plus retenuës que les Comediens ordinaires, & d'ailleurs y ayant quelques representations de Scenes dont l'appareil apporteroit plus de frais qu'vne cōpagnie priuée n'en voudroit peut-estre faire pour vne seule fois, (combien qu'à le bien prendre il n'y ait rien ny qui soit insupportable aux oreilles chastes, ny de despense excessiue) i'ay prié l'Autheur de tracer vn modelle retranché pour remedier en vn besoin à l'vn & à l'autre de ces deux inconueniens, & mesme de reduire ces deux iournées en vne pour la commodité de ceux qui s'en voudroient donner le plaisir en des maisons particulieres, ce que l'on peut facilement faire par la methode & l'ordre disposé comme vous verrez en la table qui s'ensuit.

ABREGE' DE LA TRAGICOMEDIE de Tyr & Sidon en vne iournée: qui se peut intituler, MELIANE.

Scene I. page 14. *O filles de la nuict,&c.* où il faut retrancher en la page 18. 4. vers d'Abdolomin qui commencent, *Mais quoy,&c.* & finir par la responfe de Balorte, fans adiouster les deux derniers dudit Abdolomin, qui commencent, *Allons les fupplier.*

Scene II. pag. 34. *Ou voulez-vous aller?&c.* & pour fe tenir dans les termes de la modeftie on peut au lieu du 6. vers de ladite Scene, qui finit par ces mots, *des feffes fretiller,* mettre le mot de *cuiffes* pour *feffes.* & en la mefme Scene à la fin, p. 40. on peut retrancher les 6. derniers vers, qui commencent, *S'adreffe-donc à moy, &c.*

Scene III. p. 47. *Tant plus mon Timadon, &c.*

Scene IV. p. 73. *Cela ne me plaift point. &c.* où l'on peut retrancher depuis les deux derniers vers de ladite pag. qui commencent, *Plus que fouffre fubtil, &c.* iufqu'au 15. de la fuiuante, qui commence, *Or toufchant ces, &c.*

Scene V. p. 78. *En vain, pauure Caffandre, &c.*

Scene VI. il faut retourner à la pag. 60, *Ah quelle parle bien, &c.*

ACTE II.
Icy il faut feindre vne nuict.

Scene I. pag. 87. *Enfin ie suis honteux, &c.*
Scene II. pag. 93. *Qu'on me plante à mon sceu, &c.*
Scene III. pag. 95. *Gentils globes de feu, &c.*
Scene IV. & V. p. 97. *D'où procede, &c.* & la suiuante, *O desordre d'estat, &c.*
Scene VI. pag. 99. *Ie leue en sursault, &c.*

ACTE III.

Scene I. pag. 114. *Si iamais vn amant, &c.*
Scene II. pag. 115. *Non, non, ne craignez pas, &c.*
Scene III. pag. 119. *Marche à ta malencontre, &c.*
Scene IV. pag. 122. *Doncques ce grand soupçon, &c.*
Scene V. pag. 135. *Allez, suiuez ce traistre, &c.*
Scene VI. pag. 136. *Que doy-je deuenir, &c.*
Scene VII. & VIII. pag. 137. *I'ay quitté le paué, &c.* & la suiuante, pag. 138. *Helas ie suis, &c.*
Scene IX. pag. 154. *Tu m'as doncque, Tyran, &c.*
Scene X. pag. 170. *Pren donc comme i'ay dict, &c.*
Scene XI. Il faut retourner à la pag. 162. & commencer par le personnage d'Almodice, *Le criminel iugé, &c.* iusqu'à la fin de la Scene.

ACTE IV.

Scene I. pag. 176. *Ah! fille sans secours, &c.* on peut la retrancher si l'on veut depuis le 5. vers de la page 177. qui commence, *Tout est perdu pour vous, &c.* iusqu'au penultieme de la pag. 180. ou il faut renoüer le reste de la Scene, recom-

mençant à ces mots, *Couchez, ne feignez point*, &c. toutesfois ce retranchemét n'est pas necessaire.
Scene II. pag. 185. *Démarez sans arrest*, &c.
Scene III. Il l'a faut commencer pag. 188. au 9. v. qui commence, *Tu t'enfuis donc, Belcar*, &c. au cas que l'on n'ait pas la commodité de representer la nacelle des Pescheurs.
Scene IV. pag. 191. *Qu'icy chacun s'arreste*, &c.
Scene V. pag. 195. *Dont ie perds mon Belcar*, &c.
Scene VI. pag. 196. *Ie vous ay tous mandez*, &c.
L'Acte cinquiesme de la seconde iournée, pag. 200. sera aussi mis pour cinquiesme tout du long, en ce lieu.

    Les personnages de cest abregé sont, 1. Abdolomin. 2. Balorte. 3. Zorote. 4. Phisoline. 5. Leonte. 6. Timadon. 7. Almodice. 8. Meliane. 9. Cassandre. 10. La Ruïne. 11. La Desbauche. 12. Preuost. 13. & 14. & 15. Archers & Soldat. 16. Belcar. 17. Araxe. 18. Thamys. 19. Pharnabaze. 20. Phulter. 21. L'Admiral. 22. & 23. Iuges.
Toute ceste quantité de personnages se peut representer facilement par dix ou douze acteurs, au plus.

Fautes survenuës en l'impression.

EN la Preface, page 7. ligne 17. *viel serui-*, lisez, *vieil*. En la Tragicomedie, pag. 13. vers 11. *à rencontre*, lisez, *à l'encontre*. Pag. 18. v. 19. *Neptune*, lisez, *Neptun*. P. 36. v. 22. & 23. *Le ne voy*, lisez, *Ie ne*. & au lieu de *Ie plus*, *Le plus*. P. 46. v. 12. *Brisons-là de discours*, lisez, *ce disc*. P. 61. v. 11. *Laissez là*, lisez, *Laissez*. P. 131. v. 4. *Laschez*, lisez, *Laschez*, & v. 5. & 6 au lieu de *Quoy ? & destinée ?* ostez les deux interrogats. En la mesme pag. v. 12. *Que tout*, lisez, *Qu'en*. P. 143. ligne 5. au lieu de *Phulter*, lisez *Pharnabaze*. P. 156. v. 19. *D'vn ouurage*, lisez, *outrage*. P. 160. v. 24. *Promets*, lisez, *Permets*. P. 169. v. 1. *guichers*, lisez, *guichets*. P. 172. v. 12. *des ressorts*, lisez, *les ress*. P. 186. v. 4. *en horreur*, lisez, *en l'horreur*. P. 289. v. 25. *de ces grottes*, lisez, *de tes*. P. 207. v. 11. *La seule patience*, lisez, *patiente*. P. 211. v. 8. *N'auront vne*, lisez, *M'auront*. P. 213. v. 20. *que son ame*, lisez, *qui son*. P. 117. v. 7. *l'equicé*, lisez, *l'equité*. P. 222. v. 13. *Faudroit-il*, lisez, *Faudra-t'il*.

Extraict du Priuilege du Roy.

PAR grace & priuilege du Roy, il eſt permis à Robert-Estienne, d'imprimer ou faire imprimer vn liure intitulé *Tyr & Sidon*, *Tragicomedie*, en *deux iournée*, compoſée par le *Sieur de Schelandre* : Et deffence ſont faictes à tous autres de l'imprimer ou faire imprimer, vendre & diſtribuer ſans le conſentement dudict Eſtienne, & ce pendant le temps de ſix ans entiers, à compter du iour qu'il aura eſté acheué d'imprimer, à peine aux contreuenans de huict cens liures d'amende, confiſcation des exemplaires, & de tous deſpens, dommages & intereſts, ainſi que plus au long eſt contenu eſdites lettres de priuilege. Donné à Paris le 8. iour d'Aouſt 1628.

Par le Roy en ſon Conſeil,

         Signé, L'AMY.

ARGV-

ARGVMENT.

PHARNABAZE Roy de Tyr, & Abdolomin Roy de Sidon, apres s'estre faict la guerre l'vn à l'autre par l'espace de dix ans auec des euenemens si variables qu'on ne pouuoit dire quel estoit le victorieux ou le vaincu, se resolurent d'en venir à vn combat general, & de se choquer de toutes les forces de leurs Estats, pour voir enfin qui demeureroit le maistre. Les Tyriens donc sous la conduite de Leonte, & les Sidoniens sous celle de Belcar, fils des deux Roys, ieunes hommes pleins de courage, donnent bataille, où la fortune continuant à se iouër de ces peuples voulut que la per-

A

te fut esgalle, & que les deux chefs d'armée fussent pris en diuerses rencontres & menez captifs par leurs ennemis, Belcar à Tyr, & Leonte à Sidon. Les deux peres touchez de mesme passion de ioye & de tristesse, font trefue d'vn commun consentement pour donner quelque ordre à leurs affaires, mais auec des intentions bien differentes : Car Pharnabaze, Prince encore vigoureux, en qui l'aage n'auoit pû esteindre ny amoindrir ceste ardeur guerriere & ceste haute ambition qui le possedoit dés sa ieunesse, & qui d'ailleurs estant yssu de ce braue Straton, qui auoit autres-fois restably le Royaume de Tyr & ruyné la tyrannie des esclaues, mesprisoit son ennemy que la seule faueur d'Epheſtion auoit tiré de la lie du peuple pour le faire monter au trosne Royal. Il se proposoit donc de recueillir ses forces, de prendre luy mesme la conduitte de son armée, & la trefue estant faillie d'attaquer Abdolomin, duquel il esperoit venir à bout facilement, d'autant que par la prise de Belcar il ne restoit aucun capitaine Sidonien qu'on luy pût opposer pour luy faire teste. Au contraire le bon Abdolomin s'essayoit par toutes voyes honnestes & legitimes de faire la paix; & pour y preparer l'esprit du Tyrien, traittoit son fils Leonte non point en prisonnier de guerre, mais en Prince qui le fut venu visiter. Pour cet effect il luy permit sur sa foy de se promener en toute liberté par la ville, de frequenter les compagnies, & mesme voulut qu'on preparast des ieux & des balets pour divertir ce ieune Prince de l'ennuy qu'il avoit conçeu de sa prison. Or il arriva qu'en vne assemblée, Leonte ayant ietté les yeux sur Philoline, belle & ieune dame mariée à vn vieillard nommé Zorote, en devint si passionnément amoureux qu'il employa tous les artifices dont il pût s'aviser pour en avoir la iouyssance. Pour ce dessein il déguise vn Page en fille, qui ioüe son roolle si accortement que Philoline confent aux volontez de fon Amant, & à la honte de fon mary: Mais le ialoux ne pouuant fouffrir vne telle iniure, fe laiffe tellemét tranfporter au defir de vengeáce, que fans confiderer la ruyne qui en pourroit arriuer à fon pays, il medite & marchande la mort de ces deux miferables Amans. Cependant que Leonte s'engage trop auant dans fes affections impudiques, & qu'on luy prepare le piege dans lequel il doit perir, l'Amour allume de plus chaftes feux au cœur de Belcar. Les filles de Pharnabaze, Caffandre & Meliane, le voyent pendant fa maladie caufée des bleffeures receuës en la bataille, & deuiennent toutes deux éprifes de la bonne grace & des merites de ce Prince:

Icy commence la feconde iournée.

Mais luy touché d'vne paffion mutuelle pour Meliane, iette Caffandre en vn tel defefpoir qu'elle eft prefte de fe tuer, fi fa nourrice Almodice ne l'en eût empefchée:

ARGVMENT.

Sur cés entrefaites on apporte nouuelles à Tyr de la mort de Leonte; ce qui porte Pharnabaze à vne telle fureur qu'il fait soudain mettre Belcar aux fers, auec dessein de le faire mourir cruellemét dés le lendemain. La-dessus Meliane est bien estonnée; neantmoins sa douleur ne luy met point l'esprit en tel desordre qu'elle n'employe tous ses efforts pour sauuer son amy. Elle pratique à force d'argent le capitaine du chasteau, & par l'entremise d'Almodice fait tenir prest vn vaisseau pour executer son dessein: mais la vieille preferant les interests de Cassandre à ceux de sa sœur, l'introduit sous la faueur d'vn voile dans le nauire au lieu de Meliane, dont Belcar ne s'apperçeut qu'il ne fut desia vn peu esloigné en mer. Lors il enrage, il forcene de se voir si laschement trompé. Puis ayant en vain cherché la nourrice afin de la massacrer, il se met dans vn esquif à la mercy des eaux: Mais sa miserable Amante en desespoir de se voir ainsi mesprisée s'estant donné du poignard de Belcar dans le sein, se iette dans la mer, où elle esteint sa vie & ses amoureuses flammes. Son corps est porté par des pescheurs sur le riuage de Tyr, au pié d'vn rocher, où Meliane incertaine de la trahison qu'on luy auoit brassée faisoit ses plaintes contre son fugitif. En cet estat Pharnabaze qui cherchoit son prisonnier échappé, la trouua le poignard à la main prononçant des paroles ambiguës qui luy font coniecturer qu'elle a tué sa sœur, & sur l'heure la condamner au dernier supplice: Mais la fortune qui ne vouloit pas que les amours de ceste chaste Princesse eussent vne si malheureuse fin, permit que Belcar, qui auoit rencontré par hazard sur mer vn Ambassadeur de son pere, suruient au point de l'execution & la fait retarder par sa presence. L'Ambassadeur décharge Abdolomin enuers Pharnabaze, de la mort de Leonte, & luy faict voir par bons tesmoins, & veritables informations, que Zoroté seul en est coupable, lequel on luy presente pieds & poings liés. D'autre costé Almodice, dont le vaisseau auoit esté pris & ramené par l'Admiral de Tyr, pressée de sa conscience declare toutes ses menées, & fait paroistre l'innocence de Meliante. Que reste-il plus sinon que nos deux Amans apres tant de trauerses, ioüissent d'vn doux repos dans les embrassemens d'vn sacré mariage? Ils coniurent donc Pharnabaze de leur accorder de viure ou de mourir ensemble; & ce Roy apres plusieurs difficultez reçoit Belcar pour son gendre & son successeur: Les Estats de Tyr & de Sidon sont reünis par le moyen de ceste alliance, & toutes les precedentes discordes assoupies par vne paix perpetuelle. Toute l'indignation de Pharnabaze se respand sur la teste de Zorote & d'Almodice, & ce qui reste de funeste sur le theatre est employé pour attiser les flammes où ils sont sacrifiez à la haine publique.

PERSONNAGES DE LA PREMIERE IOVRNE'E.

LEONTE, fils du Roy de Tyr.
PHVLTER, Capitaine Tyrien.
Le HERAVLT Sidonien.
ABDOLOMIN, Roy de Sidon.
BALORTE, Conseiller Sidonien.
BELCAR, fils du Roy de Sidon.
ARAXE, Capitaine Sidonien.
TIMADON, Escuyer de LEONTE.
PHARNABAZE, Roy de Tyr.
Le COVRRIER Tyrien.
CASSANDRE & MELIANE, Princesses de Tyr.
ZOROTE, vieillard Sidonien.
PHILOLINE, femme de ZOROTE.
THARSIDE sœur de ZOROTE.
Le PAGE de LEONTE.
ALMODICE, gouuernante des Princesses de Tyr.
BAGOAS, Eunuque.
LA RVYNE, LA DESBAVCHE, & vn autre soldat assassins.
Le PREVOST de Sidon, & ses Archers.

TYR ET SIDON,
TRAGICOMEDIE.
PREMIERE IOVRNE'E.

Où sont representez les funestes succez des amours de Leonte & de Philoline.

ACTE PREMIER.
SCENE I.

LEONTE Prince de Tyr. PHVLTER Capitaine.
Le Herault Sidonien.

LEONTE.

Grand fils de Iunon, qui d'vn tour de
   ton bras
Peux leuer vn Empire ou le verser à bas,
Dieu de tous les vaillans aussi bien que
 des Thraces,
O Mars, pere d'Honneur, ie te rens mille graces:

Et toy puissant Hercul' honte des fayneants,
Inuincible ennemy des monstres & geants,
Qui vois comme dans Tyr on reuere ton temple
(Peut estre le plus beau que tout le Ciel contemple)
Mon patron, ie t'estime entre les demy-Dieux
Comme entre les flambeaux le Soleil radieux,
Et promets à ce coup si l'ennemy succombe
A tous vos deux autels vne entiere Hecatombe:
 Car c'est de vos faueurs, ces deux derniers estés,
Qu'en ma charge ayant pris des soldats rebutez,
Des fuyards coustumiers, ioüets de l'espouuante,
Moins fermes que la paille en tourbillon mouuante,
Ie les ay rasseurez, les ay tant affermis
Qu'ils ont barre auiourd'huy sur tous leurs ennemis;
Tant de ces Roytelets, qui depuis Alexandre
Ont osé contre nous la Phenice entreprendre,
Ne pouuans plus d'eux-mesme en armes subsister,
Viennent ceux de Sidon tous en ligue assister:
Mais qu'ils sont bien trompez, ie peins la crainte blesme
Au milieu de leurs fronts dans leur enceinte mesme,
Tant sont-ils aculez, au petit pié reduits!

     Phulter.

 Pensez-y, Monseigneur, ils sont trop bien conduits
Pour faire sans dessein des fuites & remises,
" Tel lasche bien le pié qui veut venir aux prises:
Ils ont vn capitaine en santé reuenu,
Leur Prince homme sans peur qui n'est que trop cognu
Pour vn habile maistre en l'art de la milice,

TRAGICOMEDIE.

Que si iusqu'à present il euite la lice,
Peut-estre qu'en cedant le champ plus spacieux
Il veut s'auantager en assiette de lieux,
Ou nous veut attirer par quelque stratagéme.
Leonte.
Nous y serons presens, & voila ce que i'ayme.
Phulter.
Ne mesprisons iamais vn aduersaire armé.
Leonte.
En refusant le choc peut-il estre estimé?
Phulter.
Voyez que chaque iour il augmente ses forces?
Leonte.
Il reçoit tous les iours quelques rudes entorses.
Phulter.
Les premiers coups du ieu ne donnent pas le gain.
Leonte.
Mais c'est vn preiugé. (Phul.) Qui n'a rien de certain.
Leonte.
Voulez-vous que du Sort les erres ie refuse?
Phulter.
Non, mais que prudemment vostre conseil en vse,
Et que sans triompher de ces legers succez
Nous reseruions la ioye à la fin du procez.
Leonte.
Ie ne vous vey iamais en humeur trouble-feste.
Phulter.
Ie ne vous vey iamais vn tel luiteur en teste.

Leonte.
Tant plus ay-je d'honneur en l'allant aborder.
Phulter.
Mais tant plus de subiet de ne rien hasarder.
Leonte.
De l'excez de prudence vn braue cœur se mocque,
Il faut, c'est trop attendre, il faut que ie le chocque
Ce grand entrepreneur, cet homme tant vanté
De bonheur, de courage, & de capacité,
Belcar à qui mon pere, vn vray foudre de guerre,
N'a iamais sçeu rauir vn seul poulce de terre,
A qui i'ay destiné les essais de mon bras,
Ialoux de son honneur dés mon aage plus bas:
C'est où tend le desir de mon ame eschauffée,
Qu'vn si digne ennemy me fournisse vn trophée,
Qu'en funestes cyprez transformant ses lauriers,
I'enrichisse mon nom de ses exploits guerriers:
Ou si le destin veult que d'vne mort vaillante
Ie rende à ce combat sa gloire plus brillante,
Ie ne sçauroy choisir vne plus braue main
Pour m'adoucir le coup du trespas inhumain:
Bref voila l'esperance où mon humeur se baigne:
Des villes, des thresors, que i'en perde ou i'en gaigne
Il m'est indifferent, mon seul but est l'honneur
Ainsi que le plaisir est celuy du veneur.
Voy-je pas vn Herault qui vers nous s'achemine?
C'est pour nous deffier, il m'en porte la mine:
Parlez mon grand amy, ne soyez estonné.

TRAGICOMEDIE.
Le Herault.

Ie ne le fus iamais, Prince heureux & bien né,
Car i'ay trop d'asseurance au chef qui me commande:
Belcar expressement, ô Leonte, vous mande
Qu'alors qu'il refusoit vos défis pleins de vent
Il reculoit vn peu pour sauter plus auant:
Maintenant il vous offre en bataille rangée
La palme qui doit estre au vainqueur adiugée;
Que demain, s'il vous plaist, dés que l'astre du iour
Effacera le teint aux estoilles d'autour,
Vous faciez battre aux champs, & vous metticz en
  montre,
Pour à moitié chemin luy venir à rencontre.

Leonte.

Dy-luy que ses delais ont desia rabattu
Du splendide renom qui doroit sa vertu.
Il est encor matin, qu'il marche dés ceste heure,
Il faut auant la nuit ou qu'il fuye, ou qu'il meure:
Va donc, depesche-toy, nous n'auons que tarder.

Le Herault.

Ie retourne au galop. (Leonte.) Sus allez commander
Que l'on sonne à cheual, qu'auec ordre on s'auance,
Qu'on arrenge nos gros en toute diligence:
Suiuez de point en point le plan par nous tracé,
I'iray dés que i'auray mon harnois endossé.

SCENE II.

Abdolomin Roy de Sidon, Balorte Courtisan.

Abdolomin.

O Filles de la nuict, inexorables Parques
Qui des moindres pasteurs & des plus grands Monarques
Filant les ans diuers, sur eux executez,
Les eternels destins dans le Ciel proiettez.
D'où vient, malignes sœurs, que vos funestes forses
Retranchent tout à coup des plus ieunes les forces,
De ceux le plus souuent moissonnent le Printemps
Qui deuroient & voudroient respirer plus longtemps?
Et ceux qui saouls des biens, las des maux de ce monde,
N'ont autre ambition qu'vne fosse profonde,
On les voit tous courbés malsains & malplaisans
Trainer à contrecœur le fardeau de leurs ans?
O mort que tardes tu que tu ne viens dissoudre
Ceste inutile chair en sa premiere poudre?
Que me peut-il rester à deuider icy,
De repos, de travail, de ioye ou de soucy?
Ay-je quelque plaisir, sens-je quelque amertume,
Que l'vsage commun ne me tourne en coustume?
N'ay-je point assez veu les destours & retours

TRAGICOMEDIE. 15

De la Reyne sans yeux qui domine en nos iours
Au gré du vent muable & de l'onde flotante?
Peut-elle plus forger sur sa boule inconstante
Vn sort doux ou fascheux que ie n'aye esprouué?
Ou bien si quelque chocq m'est encor reserué,
Que ie ne preuoy point, (car son ire attisée
De malheurs tous nouueaux ne peut estre espuisée)
Rauy-moy, douce mort, & rends d'vn coup de faulx
Insensible ma cendre à ses derniers assaults.
 Ha! si comme l'on croit, & facile & glissante
Estoit à tous venans d'Auerne la descente,
Le mortel icy bas braueroit les malheurs
Et n'attendroit iamais ses extremes douleurs;
,, On ne doit de tout point appeller miserable,
,, Qui peut prendre à propos vn trespas honorable:
Si les secrets chainons qui iusqu'à ce iourd'huy
Ont accroché mon ame en son fragile estuy,
Se pouuoient eslargir sans l'expresse ouuerture
Du grand Maistre qui tient l'empire de nature;
Ia dés maintes moissons s'estendroient en repos
Sous la poudreuse tombe & mes maux & mes os:
,, Viure à qui veut mourir n'est pas moindre martyre
,, Que mourir est fascheux à qui viure desire.
 Humains infortunez, las! d'où vient que tousiours
Vos plus ardents souhaits rencontrent à rebours?
Et que ceux d'entre vous ausquels semblent mieux rire
Les plus aspres desseins où leur trauail aspire,
Enfin n'y trouuent pas, en estans possesseurs,

Ce qu'ils s'y promettoient de biens & de douceurs?
Car tant que vous viuez, vos ames non contentes
Ne conçoiuent chetifs que nouuelles attentes,
Et parmy tant d'obiects, dont l'amour vous époint,
Vous prisez tousiours plus ce que vous n'auez point.
 Mais le plus vain desir dõt s'abusent tant d'hommes,
C'est dans l'ambition des grandeurs où nous sommes,
Roys gesnez de soucis, qui parmy nos honneurs
Sommes tousiours en butte aux chagrins & frayeurs:
O cent fois plus heureux ceux qui passent leurs aages
A guider vn troupeau sur l'esmail des herbages!
Si leur sceptre n'est d'or mais de fresne esbranché,
Si leur corps n'est de pourpre ains de toille caché,
Si pour mets plus exquis ils ont leur pannetiere,
Leur hute pour Palais, la paille pour littiere,
Pour leur suitte vn mastin, si leur nom n'est cognu
Qu'en vn chetif hameau dont leur tige est venu:
Aussi sont-ils exempts de la mordante enuie,
Leur ame en bas estat est d'honneur assouuie,
Ils dorment en repos sans crainte & sans soupçons,
On n'espionne pas leurs humeurs & façons,
Ils n'ont à contenter tant d'auides sangsuës
Qui briguent dans les Cours des pensions induës,
Ils sont pleiges d'eux seuls, & ne sont obligez
De respondre en autruy du droict des mal-iugez,
Ils n'ont soin des méfaits dont ils ne sont pas cause,
Le fardeau d'vn Estat sur leur dos ne faict pause,
Ils ne sont appellez par blasmes differens

Si

TRAGICOMEDIE.

Si paisibles, couards; si iusticiers, tyrans.
» Plus vn mortel est grand, plus grande est sa ruine
» Quand le Sort impiteux contre luy se mutine,
» Plus grands sont ses malheurs, plus aussi ses pechez
» Sont du babil piquant d'vn vulgaire touchez.
Miserable maistrise, ou plustost seruitude,
Qui nous fait grisonner par son inquietude !
O dangereux bandeau dont tout homme chargé
Outrage ses voisins, ou s'en voit outragé !
Si bien que l'vn repugne à l'ame iuste & sage.
L'autre pousse en fureur vn genereux courage.

Depuis qu'vn vieil amy du vainqueur Macedon
Mit en mes simples mains le sceptre de Sidon,
Combien ay-je tasché d'ombrager mes contrées
Soubs l'aisle de la paix, si long-temps desastrées !
Paix, la fille du Ciel, la mere des vertus,
Le iuste cauesson des mutins abattus,
Nourrice des bons arts, sainct nœud de concordance,
Thresor de tout bon-heur, & corne d'abondance :
Paix qui peuplant la terre en despit de la mort
Rend herbeux & desert le Charontide port:
O paix, mon cher desir, qu'ay-je fait pour t'atteindre,
Et pour ce grand brasier dans mon terroir esteindre !
Qu'ay-je fait pour changer nos douleurs en soulas,
Nos corselets en socs, en faulx nos coutelas !
I'en atteste auiourd'huy les majestez supremes.

Balorte.
Sire, tout l'vniuers, vos aduersaires mesmes

Vous le confesseront, & que par pieté
Vous mettiez en auant vn trop libre traitté;
Voire quittant du vostre, encore que pour l'heure
D'entre ses regions vous teniez la meilleure.

Abdolomin.

Que me seruoit-il, las! si cest auide Roy
Ne pretendoit pas moins que ma couronne & moy?
Maudite faim d'honneur, que d'horribles carnages
Sont prouenus de toy sur nos tristes riuages
Depuis que le flambleau qui marque les saisons
A logé douze fois en ses douze maisons!
Les Cieux en ont horreur, ses feux pleins de vengeance
Ne dardent plus sur nous qu'vne gauche influence:
Les champs, les ruisseaux, l'air, & Mercure sont las
De porter, de couler, d'oüir, de mener bas,
Les charoignes, le sang, les hurlemens, les ombres,
D'hommes de part & d'autre incroyables en nombres:
L'orphelin nous deteste, & la vefue maudit
Nos conseils prodiguans tant de peuple à credit:
Neptune par interuale en calmant ses orages,
Quelque impiteux qu'il soit nous reproche nos rages:
Mais quoy? plus i'ay tenté le train de la douceur,
Plus i'ay senty l'effort d'vn iniuste aggresseur,
En sorte qu'auiourd'huy ma ruine totale
Despend d'vne rencontre en deffense inegale.

Balorte.

Mon Roy prenez courage, & croyez que les Cieux
Accableront en fin ce cœur ambitieux,

TRAGICOMEDIE.

A qui de l'Vniuers le general Empire
Selon sa vanité ne pourroit pas suffire;
(Vicieux neantmoins qui ne merite en soy
La qualité d'vn homme & moins celle d'vn Roy.)
" Quelquefois pour vn temps vne iniustice est forte,
" Mais il faut à la fin que l'équité l'emporte,
" Car les Dieux tous benins, contraires aux Tyrans,
" Sont des paisibles Roys les gardes & garends.

Abdolomin.

Allons les supplier que leurs yeux secourables
Rendent en ce conflict nos armes fauorables.

SCENE III.

BELCAR Prince de Sidon. ARAXE Capitaine
Sidonien. LE HERAVLT.

Belcar.

EH! pour Dieu compagnons, si ce point vigoureux,
Thresor des gens de bien, phanal des genereux,
Si, dis-je, ceste odeur qui seule de nous reste
Viue & non perissable apres l'heure funeste:
L'honneur, l'honneur sacré, cher prix de la vertu,
Ne gist totalement à vos pieds abbatu;
S'il vous demeure encor au fonds de la pensée
Quelque ressouuenir de la gloire passée;

Vous qui sous ma conduite auez six fois de rang
Fait noyer à ces gens leur orgueil en leur sang,
Sans que dessous mon aisle en aucune entreprise
Le Sort ait contre nous desployé sa maistrise ;
Hé ! rentrez en vos sens, r'allumez ceste ardeur
Qui de nostre patrie anime la grandeur :
Mes amis, il est temps, ceste espreuue derniere
Rendra nostre couronne ou libre, ou prisonniere ;
Car il ne s'agit point d'vn butin estranger,
Ny d'vn gazon voisin, le nostre est en danger :
En somme si ce chocq leurs victoires n'arreste,
Pour nous & nos enfans la chaine est toute preste.
Pourquoy vaudrions-nous moins que ne faisions iadis?
Quoy ? ceste extremité qui seule rend hardis
Les renards fugitifs au fonds de leurs tannieres,
Ne nous remettra point en nos humeurs premieres?
Voyez ces estendars semblables en couleurs
A ceux que de long-temps nous possedons des leurs,
Ornemens esleuez dans le temple où Minerue
D'vn tutelaire soin nos murailles preserue :
Quel est tout leur amas ? c'est le reste de ceux
Qui moins dispos de iambe, & plus asseurez qu'eux
Soubs l'effort de nos bras ont engraissé la terre,
Vn reste mal-conduit par vn nouice en guerre.

Araxe.

L'esclat de vostre front, second astre de Mars,
Agira sans harangue au cœur de vos soldarts :
Astre qui luit sur eux en riante planette,

TRAGICOMEDIE.

Comme sur l'aduersaire en sinistre comette:
Astre à son releuer influant leur valeur,
Ainsi que son eclipse à causé leur malheur;
Malheur dont la vergongne empraincte en leur courage
Les rend tous transportez & tous muets de rage,
Prests à le reparer, vous estant spectateur,
» Autant vault le soldat que vault son conducteur.

Belcar.

Voicy nostre enuoyé qui diligent retourne.
Et bien? le Tyrien vient-il quand on l'adiourne?

Le Herault.

Le message luy plaist, le terme seulement
Luy semble, quoy que bref, differé longuement.
Il ne veut plus de temps. (Araxe.) L'esperāce l'enyure.

Le Herault.

Il veut que de ce pas la bataille se liure,
Ozant bien, Monseigneur, ainsi me discourir,
Qu'il vous faut à ce iour ou fuir ou mourir.

Belcar.

Ou fuir, ou mourir? outrecuidé ieune homme!
Digne que de ton nom quelque mer se surnomme!
Quelle brauade à moy! Ie n'ay point là de choix,
Car ie ne puis fuir, bien mourir vne fois:
Mais exposant ma vie à qui la voudra prendre,
I'en veux estre marchand, ie la sçauray bien vendre.
Aux armes donc, enfans, courage, asseurez-vous
Que si vous me suiuez le triomphe est à nous.

SCENE IV.

BATAILLE.

Leonte. Araxe. Soldats Sidoniens.
Timadon Escuyer.

Leonte.

A Moy, *tourne fuyard.*
        Araxe.   Sortez de l'embuscade
C'est le Prince Leonte, ô gentille brigade,
Empoignez-le viuant.
        Soldats.   Vous voila dans nos mains,
Ho! nous vous tenons bien, tous vos efforts sont vains.
Leonte.
Ie creueray plustost; ô ma lasche canaille
Me laissez-vous tout seul au fort de la bataille!
Ha! mon cher Timadon n'ay-je point de secours?
Timadon.
Il ne tient pas à moy ie vous deffends tousiours:
Mais par plus grand effort la force m'est rauie.
Soldats.
Rends-toy, quitte le fer, ou tu perdras la vie.

SCENE. V.

PHVLTER, & BELCAR.

Phulter.

Holà soldats, holà, ce Belcar si vaillant
Est digne de pitié la force luy faillant.
Belcar.
Non, non, que l'on m'acheue, & que de ma patrie
Ie ne voye auiourd'huy la liberté flestrie,
Ie n'auray la reproche apres estre vaincu
Mon honneur estant mort de l'auoir suruescu.
Phulter.
Prince il se faut resoudre, on vous fait courtoisie,
Ostez le desespoir de vostre fantaisie :
Il tombe, soustenez-le, & prenez-en bon soin :
Moy ie retourne au gros donner ordre au besoin,
I'ay veu la Colonnelle encor à la meslée,
Et des idumeans l'asseurance ébranlée.

Icy se sonne la retraitte.

SCENE VI.

LEONTE. TIMADON. SOLDATS Sidoniens.
Leonte.

Que ie soy prisonnier! qu'on m'emmeine captif!
Qu'és mains de l'ennemy ie soy tombé tout vif!
Que ie me soy laissé desarmer & surprendre,
Bref que si laschement ie me soy voulu rendre!
Qu'auiourd'huy le iouët d'vn grand peuple amassé,
Estant du front au pied par leurs yeux compassé,
Ie sente ma grandeur en triomphe exposée,
But de leurs maudissons, subiet de leur risée!
O rage! ô desespoir! m'estoy-ie ainsi promis
De faire mon entrée en ces murs ennemis,
Quand vn glaiue à la droite, à la gauche vne torche,
Pensant prendre leur Roy sur le sueil de son porche,
Ie m'estoy figuré d'exposer en butin
Leurs femmes & leurs biens au soldat libertin?

Soldats.   [créve,

Que ce Prince est fougueux! (Leonte.) Ie dépite, ie
Ie brusle, ie me meurs, ie rafolle, i'endéve,
O ciel! ô terre! ô mer! ains, ô gouffres d'embas,
Engloutissez mon corps, qu'on ne l'emmene pas,
Et priuez le Soleil de l'aspect de ma honte!

Timadon.

Holà, mõ maistre, & quoy? la douleur vous surmõte:
Quel regret si poignant vous transporte le sens?

TRAGICOMÉDIE.

Estes-vous le premier des braues & puissans
Qui soit entré par force en prisons bien fermées,
Ayant les membres las & les mains desarmées ?
Quoy ? (sans vous comparer à de moindres que vous)
Le fort Olenien, Dieu fumant de courroux,
Ne fut-il pas lié de chaines importunes
Chez le grand Ephialte vn temps de treize lunes ?

Soldats.

Monsieur, consolez-vous, Belcar nostre support,
Prisonnier comme vous, est en danger de mort.

Leonte.

O Dieux ! c'est dont i'enrage, eh ! Belcar est blessé,
Il ne s'est point rendu qu'il ne fust terrassé,
Priué de son bras droit, de vigueur, de monture,
Ainsi s'acquiert l'honneur mesmes dans la capture :
Mais moy tout au contraire, ô mal-timbré cerueau !
Tandis que ie m'amuse à viser au plus beau,
Que passant le commun les plus vaillans i'affronte,
Comme vn liéure aux panneaux on a saisi Leonte.
Or baste pour ce coup, il conuient de souffrir :
Mais si iamais se vient vn tel danger offrir,
Ie rabattray si dru l'acier porte-tempestes,
Escartant pres de moy les bras, iambes & testes,
Qu'auant que m'embrasser ainsi qu'à ceste fois
Vn Briare à cent mains y perdra tous ses doigts.

Soldats.

» Dieu bat les orgueilleux, & la force leur oste,
» Celuy conte deux fois qui conte sans son hoste.

SCENE. VII.

PHARNABAZE Roy de Tyr. Vn COVRRIER.

Pharnabaze.

Dieux ! que i'ay de pensers l'vn l'autre seduisans !
De mouuemens d'esprit l'vn l'autre destruisans !
Combien d'impatience agite mon attente !
Et que mon esperance est douteuse & flottante !
D'où me vient cest effroy contraire à mon humeur ?
D'où ces chancellemens au cours de mon bonheur ?
Que s'oy-je redouter ? au fonds que puis-je craindre
Si le Ciel ne vouloit ses propres loix enfraindre ?
„ (Ciel qui des cœurs hardis seconde les efforts,
„ Et tousiours asseruit les foibles aux plus forts.)
   Car en nos deux partis, sans flatter, à tout prendre,
Quel point d'égalité m'y peut-on faire entendre ?
Quelle comparaison de peuple, ny de Roy ?
Quelle proportion d'Abdolomin à moy ?
Moy, sorty d'vn Hiram, Neptune de l'Azie,
Dont l'amitié puissante, en sa flotte choisie
Par le vaillant Dauid & par son sage fils,
Mesla si dextrement les honneurs aux profits
Qu'ils mirẽt en leur temps dans l'enclos de leurs terres
L'or au prix de l'argent, l'argent au prix des pierres:

TRAGICOMEDIE.

Moy, nepueu d'vn Straton dont la seule vertu
Releua sans effort ce beau sceptre abattu
Lors que des Serfs cruels la troupe mutinée
Auoit des citoyens la race exterminée :
Moy, qui me puis vanter d'auoir tout restauré,
Repeuplé, rebasty ce Royaume atterré
Mieux que ce mien ayeul, car i'ay fait en cinq lustres
Les masures du Tyr, non gueres moins illustres
Qu'alors que dominante en l'vne & l'autre mer,
Ne se pouuant soy-mesme en soy-mesme enfermer,
Elle fit prouigner vn Empire à Carthage
Qui doit debattre vn iour du monde le partage :
Enfin Tyr propre mere à l'ingratte Sidon,
A Sidon parricide indigne de pardon,
Tyr, cité nompareille en raretez diuerses,
Tyr, qui seule arresta la conqueste des Perses,
Tyr, que l'Empereur Grec n'eust iamais pû dompter
S'il ne se fust prouué vray fils de Iupiter :
Bref, Tyr, la riche Tyr, sous l'heureuse conduite
D'vn vaillant Pharnabaze, & d'vn Leonte en suite,
Auec tant de guerriers adroits & genereux
Imitans les vertus qui reluisent en eux ;
Craindroit-elle Sidon, bien moins puissante ville,
Sous vn Roy cazannier d'estoffe basse & vile ?
Que s'ils ont vn Belcar remarquable en valeur,
Mon fils a le courage & plus noble & meilleur,
Puis, leurs soldats sont mols, sont rebutez, en somme
Entre tant de barbus on n'y cognoit qu'vn homme,

Ce sont tous cerfs craintifs par vn lion menez,
Mais mon ost est tout plein de lions deschainez.
　Arriere donc de moy la peur, voire la doute,
Qu'vn si foible ennemy ne soit mis en desroute;
Et, puis que nostre pourpre est la marque des Rois,
Qu'à ce coup nos voisins ne reçoiuent nos loix.
Arriere ces réueurs, ces charlattans augures,
Cerchants au cœur d'vn bœuf des celestes figures,
Comme si d'vn Estat ou les biens ou les maux
Gisoient aux intestins des brutes animaux:
Arriere ces deuins, ces fort-sçauants peu-sages
Qui veulent m'esbranler par sinistres presages:
I'espere que bien-tost vn message certain
Desmentira leur art trompeur, obscur & vain,
M'annonçant que des cieux la iuste bien-vueillance
Aura de mon costé fait pancher la balance.
Ia l'horloge six fois à gouttes distilant
A vuidé son vaisseau d'vn cours égal & lent,
Depuis qu'on m'a mandé qu'en armes partiales
On alloit disputer les faueurs Martiales:
Les cris en sont venus iusques pres de ces lieux,
Où ie suis auancé bouillant & curieux
Pour apprendre plustost les nouuelles heureuses
Que mon courage oppose à ces ames peureuses.
　Mais i'entés quelque bruit: Ah! ce courrier qui vient
N'apporte rien qui vaille à la mine qu'il tient.
Dites, ne celez rien, la palme desirée
Ne nous est-elle pas franchement demeurée?

TRAGICOMEDIE.
Courrier.
Sire, elle reste neutre, & l'un & l'autre camp
Ni vaincu ni vainqueur a delaissé le champ.
Pharnabaze.
Quoy ? font-ils encor ferme ? O lascheté des nostres!
Courrier.
Sans l'unique Belcar ils se rendoient tous vostres :
Pour nous par quatre fois le sort a balancé,
Mais tousiours ce rocher son chocq a repoussé.
I'ay veu de nos coureurs ayans deffait vne aisle
Donner iusqu'à Sidon, prests d'entrer pesle-mesle,
Belcar seul tenoit bon, mais vn effort dernier
En luy cassant le bras l'a rendu prisonnier.
Pharn.
Et mon fils? (Courrier) Il est sain, mais, ô Roy grand [& sage,
Excusez ma contrainte à porter vn message.
Pharn.   [trop vaillant
Ha Dieux! parle, dy tout. (Courrier) Las! comme
Il alloit par deffy les plus forts assaillant,
Voila qu'vn escadron contre luy se rallie,
Dont il n'a peu sortir. (Pharnab.) O ieunesse! ô folie!
Courrier.
Ils l'ont enuironné tant qu'à force de bras
Ils l'ont trainé vers eux vueille ou ne vueille pas.
Pharn.
O poltrons de sa suite, auiez-vous du courage?
Courrier.
Le crespe de Vesper leur faisoit tant d'ombrage

Qu'à peine trois des siens virent son accident,
Tant en simple soldat il s'alloit hazardant ;
Le premier y perit s'en voulant entremettre,
Le second fort blessé son passe-port impetre
Pour en donner auis ; l'Escuyer Timadon
S'est ietté quant-&-luy dans les murs de Sidon.

Pharnabaze.

O feux ! dominateurs des voutes azurées,
Qui vous entre-coupans par dances mesurées
Bigarrez chaque iour d'euenemens diuers
Les plus certains projets de ce bas vniuers ;
Et sur tout, & sur tout, toy mon Dieu sanguinaire,
Qui du cinquiesme rang de ce beau septenaire
En vn throsne borné du foudre & du soleil,
Regis par tes aspects pleins de feu nompareil
L'esprit, le cœur, les nerfs, les arteres, les veines,
De ceux que genereux aux hazards tu promeines.
Ah! braue Odrysien d'où viennent ces malheurs
Qu'vn merité succez n'égale nos valeurs ?
Qu'auoit-donc pour conduire & pour bien entrepredre
Vn belliqueux exploit le fameux Alexandre ?
Qu'auoit-il d'excellent plus que mon fils & moy,
Luy qui le monde entier assujettit à soy ?
Ce n'est que toy Fortune aueugle, qui nous verses
Par coups inopinez ces cruelles trauerses :
Mais si veux-je ou mourir, ou vaincre à ton despit,
En liurant à Sidon la guerre sans respit.
  Du vieil Abdolomin la deffaicte est facile,

TRAGICOMEDIE.

Car bien que pour vn temps ie perde mon Achille,
Moy qui suis vigoureux, i'ay des Aiax encor,
Des Tydides sans peur, luy n'auoit qu'vn Hector.
Courrier.
Nos Chefs pour six soleils la tréue ont transigée,
Attendant s'il-vous plaist qu'elle soit prolongée;
Des corps des deux partis les guerests sont tous noirs,
Et là chaqu'vn aux siens rend les derniers denoirs.
Pharnabaze.
Retournez à Phulter, dites luy qu'il departe
Mes gens és garnisons sans que trop on s'escarte,
Nos armes cederont aux rigueurs de l'Hyuer,
Mais il faut au Printemps triompher ou creuer.
 Or par les loix d'honneur ie suis forcé de faire
Vn fauorable accueil à ce Prince aduersaire.
Courrier.
Il viendra lentement, en littiere on la mis,
Sa blesseure autrement l'amener n'eust permis.
Pharnabaze.
Il le faut bien penser, en tenir si bon conte
Que son doux traittement redonde sur Leonte,
Mes filles suppléront par entretien discret
A moy qui ne le puis caresser qu'à regret.

ACTE SECOND.

SCENE I.

CASSANDRE ET MELIANE filles du Roy de Tyr.

Cassandre.

MA sœur, qu'en pensez-vous ? qu'en dirons-
vous au Roy ?
Ce Belcar est troussé, quant à moy ie le croy :
Voyez ce teint plombé qui son visage couure,
Il se pasme à tous coups, sa grand' blessure s'ouure :
Que s'il n'auoit, dit-on, que le mal apparent,
Le medecin pourroit se rendre son garend :
Mais il faut que d'ailleurs quelque maligne cause,
Racine de sa fièure, aux remedes s'oppose.

Meliane.

Ie laisse du public la iuste inimitié,
Mais en ce triste estat pour moy i'en ay pitié,
Et voudroy pour beaucoup que iamais nostre pere
N'eust fait voir à nos yeux ce miroir de misere.

Cassandre.

Las ! que pleust-il aux Dieux que nous tinssions icy

Son

TRAGICOMEDIE.

Son ostage trop cher qui nous met en soucy,
Leonte nostre frere: ah! combien i'apprehende
Mort ou vif cestuy-cy que tel on nous le rende!
C'est ce qui nous oblige à ce fascheux deuoir,
Et faut iusqu'à la fin nous forcer à le voir.

Meliane.

Quelque ennemy iuré qu'il soit à ma patrie,
D'vne compassion mon ame est attendrie,
Quand ie voy sur son front, sur son œil languissant
Vn air maiestueux à trauers paroissant:
Puis ces graues discours ne tesmoignent en somme
Que douceur, que vertu, qu'humeur de galand höme;
Quel dommage pour nous qu'vn cœur tant accomply
N'est autant d'amitié que de haine remply!

Cassandre.

Le mal d'vn ennemy ne m'est iamais dommage,
Quelque vaillant qu'il soit & rare personnage;
Ie ne le puis priser, ny le plaindre aussi peu,
Car ie voy dans sa mine & le sang & le feu,
Quand ie me lamentoy son courage barbare
Qui rompit nostre flotte au vû de nostre Phare,
Embrazant, enfondrant (cruel plus que les eaux,)
Nos plus vaillants soldats & nos meilleurs vaisseaux:
Et quand ie me souuiens qu'en deux fois trois batailles
Il a porté l'effroy iusques dans nos murailles;
Enfin quand mon esprit renouuelle à mes sens
Tant de nos grands guerriers par sa main perissants
Il n'en faut pas mentir, sa valeur ne m'empesche,

C

D'estimer que sa mort seroit belle dépesche,
I'en tiendroy dignement nos dommages vengez
Pourueu que nos captifs n'y fussent engagez.
Entrons.   Meliane.
Ie vous suiuray, ne vous mettez en peine.
O courage de fer, Lestrygonne inhumaine !
Si ton cœur estoit noble, amy de la veru,
Il seroit plus courtois vers ce Prince abbattu.
,, En vn esprit bien né la charité doit luire
,, Contre l'ennemy mesme, alors qu'il ne peut nuire.

SCENE II.
ZOROTE Vieillard Sidonien. PHILOLINE
femme de ZOROTE.

Zorote.

OV voulez-vous aller ? quelle humeur sans raison
De ne fuir rien tant que sa propre maison ?
N'aspirer qu'à courir aux festins, à la dance,
Au trottoir du public se mettre en euidence ?
En fin que faire au bal ? ricasser, babiller,
Faire vn hachis du pied, des fesses fretiller,
Tremousser tout le corps d'vn geste deshonneste
Au racler enroüé des boyaux d'vne beste :
Bref chercher vne amorce à des pensers lascifs,
Par des mouuements fols & des ris excessifs.
  Non, non, ma femme, non, laissez ce badinage,
Et prenez vos esbats en vostre seul mesnage,

Tantost à contempler vos ioyaux plus exquis,
Tantost à calculer les biens par nous acquis,
Tantost du fin alloy démesler la monnoye;
Tantost sur un tissu, d'or, d'argent, & de soye,
Bigarrant les couleurs d'un subtil entre-las,
Exercer le mestier de la sage Pallas;
Tantost en nos iardins faire vos promenades
Dans les compartimens, ou dans les palissades,
Puis sommeiller au frais.   Philoline.
Las! c'est ce qui me nuit,
Car ie ne dors que trop tout le long de la nuict.
           Zorote.
   Tantost mettre nos vins & nos froments en vente,
Tailler de la besongne à chacune seruante,
Tantost faire causer vos perroquets mignons,
Faire iouër, sauter, vos chiens, & vos guenons,
Et quelquefois aussi fueilleter un bon liure.
Voila comme en honneur la matrone doit viure;
C'est de ces femmes-là dont le monde fait cas,
Non des legers esprits adonnez au tracas,
Qui paroissent n'auoir (odieuses coquettes)
Que du vent pour cerueau, pour langues des cliquettes.
La Reyne Icarienne, exemple tant vanté,
La perle de son temps, miroir de chasteté,
D'un Vlysse prudent la compagne tres-digne,
A rendu sa memoire à tout iamais insigne
   gardant son foyer aupres de son mastin,
Et s'amusant vingt ans sur sa toile sans fin.

C ij

Somme, c'est aux putains communes & venales,
Non aux femmes de bien, d'aller aux Bacchanales.

Philol.

Que vous estes farousche & d'un malin penser,
Osant en general les Dames offenser!
Car combien s'en voit-il de ma sorte, en mon âge,
Qui ceste liberté ne prenne en mariage?
De se trouuer au bal en honneste maintien,
Et du tiers & du quart receuoir l'entretien,
Hanter ouuertement les bonnes compagnies,
Où l'on ne fait ny dit aucunes vilenies,
Mon amy, c'est la mode, & qui fait autrement,
Attire des voisins vn mauuais iugement:
Quoy? ceste ieune femme en bride est bien tenuë,
Il faut que son mary sotte l'ait recognuë,
Ou bien luy-mesme est fol, il est ialoux, dit-on,
Peut-estre qu'il se sent mal-seur de son baston:
De vray ie m'en abstiens souuent pour vous complaire,
Et sur quelque autre objet ie tasche à me distraire;
Mais que iamais les ceps ne me soient eslargis,
Que ie n'ose paroistre autre part qu'au logis,
Où depuis le matin iusques au vespre blesme
Ie ne voy tousiours rien qu'vne cadence mesme,
Ie plus du temps seulette ainsi qu'en vn desert,
N'est-ce pas pour seicher le naturel plus vert?
Encor si pour tuer l'ennuy de la iournee,
Quelque petit enfant ornoit nostre Hymenee.

TRAGICOMEDIE. 37

Zoroté. Il ne tient pas à moy, fay-ie pas le deuoir?
Philoline.
N'ayant touché que vous ie n'en puis rien sçauoir.
Zorote.
Vous me payez souuent de response ambiguë.
Philoline.
Souuent vostre soupçon de malice m'arguë.
Zorote.
On doit l'Autour hagard de longes attacher.
Philoline.
Pour en tirer plaisir si le faut-il lascher.
Zorote.
On donne au cheual gay la resne courte & forte.
Philoline.
Vne libre iument de plus beaux poulains porte.
Zorote.
La femme est plus que tous vn volage animal.
Philoline.
Plus de licence elle a, moins elle pense à mal.
Zorote.
Vn point d'occasion seduit la plus constante.
Philoline.
Que trop d'occasions quand le desir nous tente!
Zorote.
En fin vous n'irez point, c'est assez contester.
Philoline.
O Dieux! quelle rigueur! que ie n'ose asisster
En vn bal de plain iour où ie suis tant priée!

C iij

Helas! ma chere mere, où m'auez-vous liée!
Ie vous l'auoy bien dit que l'humeur d'vn vieillard
Ne compatiroit point à mon esprit gaillard,
Qu'il voudroit riotter lors que ie voudroy rire;
Ah! ie preuoyoy bien ce maupiteux empire :
Qu'il me valoit bien mieux espouser vn tombeau
Que de passer en dueil mon âge le plus beau,
En barreaux & verroux innocemment surprise,
Presqu'en vn mesme estat que la fille d'Acrise!
O que ne suis-ie morte! helas! ô Dieux, helas!
Contre vne telle angoisse où sera mon soulas?
Il faut, il faut sortir, la voye est bien aisee,
Cherchons la liberté dans la plaine Elysee,
On peut tenir mon corps, non mon ame en prison,
Vne corde, vn couteau, m'en feront la raison.

Zorote.

Estrange passion pour vn plaisir friuole.
Il vaut mieux luy ceder que de la rendre folle:
Appaisez-vous, ma fille, & bien, là, vous irez,
J'accorde pour ce coup ce que vous desirez,
A la charge pourtant que ma sœur vous conuoye,
Et qu'en aucun deuis sans elle on ne vous voye:
Ie m'en vay la prier d'en accepter le soin.

Philoline.

O la gentille garde & dont i'ay grand besoin!
Ie t'en respons, vieux fol, l'on te la garde bonne,
Qu'on m'arrache les yeux si ie te le pardonne;
Icy me soient tesmoins la nopciere Iunon,

TRAGICOMEDIE. 39

Et le Dieu coniugal, dont on chante le nom
Lors que déceinturant vne tendre fillette,
On met sa teste au joug & sa fleur en cueillette,
Si ie n'ay iusqu'icy souffert discrettement,
De ce rude plastrier le mauuais traittement,
Sans auoir tant soit peu ma chasteté faussee,
Non seulement d'effet, ains mesmes de pensee,
(Combien que maintesfois des braues courtisans
M'ont tenté de regards & discours seduisans)
Car i'esperoy tousiours vaincre par complaisance
Et par humilité sa sotte insuffisance,
Prenant mesmes en gré son crachat & sa toux
Pour des baisers d'amy qu'on dit estre si doux,
Pourueu qu'il supportast mon humeur libre & gaye,
Iusques-là que l'honneur n'en receut point de playe.
   Mais puis qu'vn tel Saturne, vn Tithon decrepit,
Aigrit de iour en iour mon trop iuste despit,
Que ma sage conduite augmente sa manie,
Que mon obeissance accroist sa tyrannie,
O femme du Tonnant, Emperiere des Cieux,
Ou bien si i'ay iuré par quelque autre des Dieux,
O sainctes deitez, que cela ne prouoque
Vostre ire contre moy si ma foy ie reuoque :
Imputez-en le crime à ce cœur sans pitié,
Qui promit de m'aymer comme estant sa moitié,
Me traitter en compagne & non pas en esclaue :
Voyez que peu s'en faut que mes pieds il n'entraue,
Qu'il ne m'attache au bloc comme vn chien de berger :

C iiij

Donques si desormais pour vn peu m'alleger
J'imite non du tout Cyprine l'indiscrette,
Mais au choix d'vn amy l'Aurore plus secrette,
Las! pardonnez-le moy, c'est vn commun peché
Qui semble estre permis quand il est bien caché.
S'adresse donc à moy quelque homme qui me plaise,
Quelque beau Caualier plein d'amoureuse braise,
Et qu'il maudisse Amour s'il n'en reuient content:
Zorote ouure ton front, ta rameure t'attend,
Ie te la planteray si profonde en la teste
Qu'elle ne tombera qu'à la mort de la beste.

SCENE III.

ZOROTE & THARSIDE sa Sœur.

Zorote.

MA sœur, ma bonne sœur, ayez pitié de moy,
Soyez mon reconfort en mon cuisant esmoy,
Ie n'y sçay plus que dire (encor moins que luy faire)
C'est vn esprit leger, vne humeur volontaire;
Ie vous ay tout conté, si ie ne luy permets,
La follastre qu'elle est ne m'aymera iamais.
Tharside.
Reprocher à l'amy ses fautes sans remede
C'est plustost l'affliger que luy donner de l'ayde;
Parquoy ie me tairay de vostre aueuglement

TRAGICOMEDIE. 41

Qui vous a sans conseil procuré ce tourment,
D'espouser vne fille apres vn long vefuage,
Discordante à vos mœurs, mal-sortable à vostre aage:
Mais, quoy que vous soyez si mal apparié,
Si vous faut-il brouter où vous estes lié,
Car de tous ses parents le credit & la force
Ne peut impunément vous souffrir vn diuorce.
 Frere, corrigez donc d'vn pracedé prudent
Ce qui vous peut causer vn sinistre accident,
Auant que l'accuser, iettez bien vos mesures,
Fondez vostre soupçon de fortes coniectures;
Telles ont le cœur gay, ne cherchant que le ris,
Qui n'ont aucun dessein d'offenser leurs maris,
Et telle a le discours & le front de Minerue
Qui pour l'amy secret ses caresses reserue.
Il vaudroit mieux du tout la bride luy lascher
Que roide la tenant sans cause la fascher;
„ La chose exactement aux femmes deffenduë
„ Leur est de plus en plus desirable renduë:
Monstrez-vous le plus sage en luy cedant vn peu,
Souffrez-luy quelquefois & la dance & le ieu,
Aux esbats innocens tenez-luy compagnie;
Il faut que par douceur telle humeur se manie:
Pour peu que vous daigniez à son gré vous changer,
Vous la verrez peut-estre au vostre se ranger.
 Auisez neantmoins (voire sans qu'elle y pense)
Qu'elle n'abuse point d'vne honneste licence:
„ La seule seureté pour regner icy bas

„ C'est d'estre mesfiant & ne le sembler pas.
Lors si vous cognoissez que son cœur se déuoye,
(Cela ne se pourra sans que tost on le voye,
Moy ie vous ayderay, l'interest m'y semond,
Ie sonderay son ame & iusqu'au plus profond,
Soit par son entretien, soit à l'air du visage,
Soit par bons espions qu'on peut mettre en vsage)
En ce cas vengez-vous, ne luy pardonnez rien,
Estant maistre absolu de la vie & du bien :
Employez sans pitié contre vn si grand outrage
Iusqu'aux coups de poignard dissouls en vn breuuage.
Zorote.
Helas ! ma bonne sœur, ie m'en repose en vous,
Selon vostre conseil ie luy seray plus doux :
Mais d'estre baladin mon âge m'en dispense,
On me soupçonneroit de rentrer en enfance;
Vous veufue encore fresche & libre, sans suiuant,
Aux heures de loisir visitez-nous souuent.
Ie luy permettray tout en vostre compagnie,
Puis que vous auriez part en mon ignominie.
Tharside.
Ie respons que sans bruit i'auray les yeux ouuerts,
Et ne souffriray point qu'elle aille de trauers.

TRAGICOMEDIE.

SCENE IV.
Belcar au lict Meliane.

Belcar.

Souspirs seul entretien de mon ardeur extreme,
Voulez-vous pas m'oster ou me rendre à moy-mesme?
Si vous estes de vent, donnez-m'en quelque effect,
En me refroidissant ou bruslant tout à fait.
Prenez vn choix certain dans vos effects contraires:
I'ay tort, vous n'estes pas des souspirs volontaires;
Car naiz auec le feu vous ressemblez aux vents,
Dont le mont de Sicile a ses esclairs mouuans,
Et ne pouuez causer qu'vne flamme cuisante,
Mais au moins pouuez-vous la rendre plus luisante:
Enflez-vous donc si fort de sanglots eslancez
Qu'on cognoisse l'effort dont vous estes poussez;
Et puis que vostre chocq ma parole retranche,
Faites ce qu'elle eust fait si vous la laissiez franche:
Iettez l'esclat si haut de mes plaintes dans l'air
Qu'on entende mon mal comme on le voit à clair;
L'effet en paroist trop, éuentez-en la cause,
Hardis enfans d'amour, dites ce que ie n'ose.
Quoy? pensez-vous tenir mon brazier immortel?
Non, dans le cœur d'vn homme il ne peut estre tel;

Mon ame quittera, pour se mettre à son aise,
Si vous la pressez trop, le foyer & sa braise:
Et lors ne pensez point me suiure en mon trespas,
Car iamais les souspirs ne descendent en bas;
Pensez donc à vous mesme, & si vous voulez viure,
Faites que la pitié quelque repos me liure.

Meliane.

De quelle inquietude est cet homme troublé!
Ie crains fort à la fin qu'il n'en soit accablé.

Belcar.

Hau-là, qu'ay-ie entendu? que ces rideaux on ouure.
Ah!   (Meliane.)
          Las! bons Dieux, son œil d'vn nuage se couure,
Il se pâme, accourez, à l'ayde, venez tous,
Du vinaigre: il reuient, ie sens battre son poulx.
Qu'il me fait de pitié! Monsieur, prenez courage:
Ne le laissez plus seul, l'entretien le soulage.

Belcar.

Madame, excusez-moy.   (Meliane.)
                           Prince nostre vainqueur,
Grand d'esprit, de renom, de fortune, & de cœur;
Tous iugent d'vne voix que la guerre chagrine
D'vn dueil interieur vous deuore & vous mine:
Que c'est vn mal caché, non le mal apparent,
Qui vous rend le teint iaune, & l'œil demy-mourant,
Me le celerez-vous? quelle angoisse incognuë
En vostre guarison de santé vous dénuë?
Que si l'esloignement d'vn bon pere vous cuit,

TRAGICOMEDIE. 45

Eh! ne voyez-vous pas que l'ennuy vous y nuit?
Mourant vous esloignez pour iamais sa presence;
Ou bien si le regret d'estre sous la puissance
D'vn Monarque ennemy vous va persecutant,
C'est-là qu'il vous sied mieux de paroistre constant.
,,: L'inuincible vertu dont l'ame est remparée
,, Chez les plus grands haineux se doit rendre admirée.
Au fonds, ne craignez point, vous n'estes pas en main
D'vn Cyclope cruel, d'vn Busire inhumain.

Belcar.

Chef-d'œuure de Nature, adorable Princesse,
De vray c'est vn soucy qui me gesne sans cesse
Qui m'attache en ce lit, voire & doit à la fin
Me porter à Charon, miserable butin,
Puis que c'est trop oser d'esperer le remede :
Toutesfois ie reçoy vostre enqueste à mon ayde,
Ma langue s'enhardit auec vostre bonté,
Et mon piteux estat me donne liberté ;
Mais ie veux, s'il vous plaist, auant que de vous dire
Mon secret important, que chaqu'vn se retire.
   Vous sçaurez donc, Madame, & ne vous faschez
     point,
Qu'vn amour indiscret m'a reduit à ce point:
Les yeux doux & meurtriers d'vne fille Royalle
(Qui dans tout l'Vniuers à vous seule s'egale)
Ont de rayons subtils vn brasier allumé
Au profond de mon sein dont ie suis consumé :
Homme presomptueux! las! ie ne suis pas digne

Seulement d'auiser son front en droitte ligne!
Meliane.
Il s'esmeut de rechef. Monsieur, reprenez cœur,
O le petit sujet d'vne grande langueur!
Si c'est là le seul point qui vous melancholie,
Secoüez desormais le chagrin qui vous lie.
Estimez-vous si peu vos merites cognus?
Où seroit la beauté, fust-elle vne Venus,
Qui de vous posseder ne s'estimast heureuse?
,, Réueillez vostre force: vne ame genereuse
,, Iamais sur ses desseins ne demeure en deffaut;
,, Le Ciel ayde au mortel aspirant tousiours haut.
Brisons là de discours car ie crains pour ceste heure
De vous importuner par ma longue demeure,
Mais, si cela vous plaist, souuent ie viendray voir
Si mon conseil aura sur vous quelque pouuoir.
Adieu braue Belcar. (Belc.) Deesse des Charites,
Le Ciel vous recompense au prix de vos merites.

Qu'vne bonté si rare en si rare beauté
Se rencontrast ailleurs qu'en la diuinité,
Qui l'auroit peu penser? ô merueille du monde!
O ma bonne fortune à nulle autre seconde!
Ca ça, ie v.ux guairir, leuez moy-l'oreiller,
Qu'on me vienne à ce coup du viure appareiller.

TRAGICOMEDIE.

ACTE TROISIESME.

SCENE I.
LEONTE. TIMADON.

Leonte.

TAnt plus, mon Timadon, ie pese & considere
La prise de Belcar & l'âge de son pere,
Tant plus ie me console, esperant voir en bref
La fin de ce Royaume orphelin de son chef.
As-tu bien veu ce geste & leu dans ceste face?
Le bon homme se meurt quelque mine qu'il face:
C'est vn tronc sans vigueur, vn corps demy transi.
As-tu veu qu'il sembloit se rendre à ma mercy,
Quand d'vn traitté de paix me faisant la semonce,
I'ay, luy riuant ce clou, fait ma brusque responce?
Ceste affaire, ay-ie dit, n'est pas mise à mon choix,
Que de Tyr & Sidon les conseils & les Roys
Iugent si l'on pourroit rendre bien terminee,
Sans la mort d'vn party, nostre guerre obstinee:
Pour moy qui chez mon pere ay moins de volonté
Que prisonnier chez vous ie n'ay de liberté,

Si diray-ie en passant que selon mon courage
Il me seroit plus doux, sans vn plus grand carnage,
Qu'entre Belcar & moy par vn dernier effort
On sousmit en duel le plus foible au plus fort ;
Car aussi bien iamais nos valeurs corriuales
Ne se pourront tenir en des bornes egales.

Timadon.

I'ay veu que ce discours si prompt & genereux
L'a saisi tout à coup d'vn tremblement peureux :
Mais comme il est matois, leurré d'experience,
Il vous a respondu qu'il prendroit patience,
Et que le Ciel arbitre aussi iuste que fort
Iugeroit sur vous deux & du droit & du tort;
Que ce n'est point la peur, mais l'humanité douce,
Qui pour le bien public à ceste offre le pousse;
Ce que pour vous monstrer il vous donnoit pouuoir
En l'enclos de Sidon de tout oüir & voir,
Sans garde & sans garend que vostre foy iuree ;
Asseuré, qu'auisant sa place remparee,
Ses magazins fournis, ses galions armez,
Et ses sujets nombreux en deffense animez,
Vous n'estimeriez plus qu'vne entiere conqueste
Fust entre vous & luy si facile & si preste.
A ces mots vn sanglot du profond de son cœur
A doublé de ses yeux l'ordinaire liqueur.

Leonte.

Aussi ne vois-tu pas, nonobstant toute ruze,
Que chaqu'vn des passants a la face confuse?

TRAGICOMEDIE.

Que tous deça de là s'assemblent murmurans,
Et dés qu'on m'apperçoit, que les plus apparents
Font signe au menu peuple, & composent leur geste,
Pour nous faire sembler que rien ne les moleste:
Croy-moy que ce grand bal où ie suis inuité
Se fait à ce dessein plus que par gayeté.

Timadon.

Nous en voicy bien pres, c'est à l'Hostel de ville.
Voyez les ieunes gens, qui viennent à la file.

Leonte.

De vray ceste cité son renom ne dément,
Que de monde assemblé! quel riche bastiment!
Quelle place marchande, & que de grandes ruës!
Que les toicts y sont hauts, & les boutiques druës!

Timadon.

Vous ne voyez pas tout, vn spectacle nouueau
Paroist derriere nous, bien plus riche & plus beau.

Leonte.

Ha! Dieux que voy-ie là? quel œil & quel visage!
Sçachez ses qualitez, son nom, son parentage.
O quel teint! quelle taille! & feroy-ie pas mal,
Si ie ne luy donnoy l'ouuerture du bal?

Tharside, Philoline.

Ma sœur, ie suis pour vous, ie l'ay dit à mon frere;
Selon vostre âge tendre, il vous est trop seuere:
Excusez iusquicy son chagrin naturel,
Car s'il me tient promesse, il ne sera plus tel.

D

Philoline.

Voila quelques Seigneurs, qui là deuant s'arrestent,
Et de nous, ce me semble, à nos voisins s'enquestent.
Tharside.
C'est le Prince de Tyr, pour lequel honorer
On fait à fraiz publics tout ce ieu preparer.
Philoline.
Passons viste & l'œil bas. Tharside. Ne courons pas la
Il faut ciuilement respondre, s'il accoste. (poste,

Leonte. Tharside. Philoline. Timadon.
Leonte.
Mesdames, accordez à ce pauure estranger
Ce que vous pouuez bien sans fraiz & sans danger.
Tharside.
Les pauures, Monseigneur, ne vous sont pas sembla-
Leonte. (bles.
Ie suis des moins dolents, mais des plus miserables.
Tharside.
Vous n'auez mal qu'autant qu'il vous plaist en auoir.
Leonte.
Mais les biens que ie veux, sont hors de mon pouuoir.
Tharside.
C'est à Iupiter seul d'auoir ce qu'il souhaitte.
Leonte.
Vostre sœur ne dit rien, seroit-elle muette?
Tharside.
Excusez la pudeur propre à ses ieunes ans.
Leont. Mes deuis à l'honneur ne sont iamais nuisans.

TRAGICOMEDIE.
Tharf.
Sa condition simple à vous ne s'appriuoise.
Leonte.
Elle a trop de beauté, pour n'estre pas courtoise.
Philoline.
Prince, pardonnez-moy, ie suis neuue à la Court.
Leonte.
Viue la nouueauté, c'est la mode qui court.
Philoline.
Que vous plaist-il de moy? Monsieur, on nous regarde.
Leonte.
Mon discours ne craint point la foule babillarde.
C'est, Madame, en vn mot que ces adolescents,
Du malheur de ma prise entre eux s'esioüissants,
Et feignants toutesfois de me vouloir complaire,
M'ont fait du premier bransle vne offre volontaire,
Auec droit de choisir quelque digne beauté,
Pour luy donner sa part en ceste primauté :
Or apres plusieurs tours & longues promenades,
Iettant de toutes parts mes errantes œillades,
I'ay iugé que vous seule, en tout ce grand pourpris,
Meritez d'emporter cest honnorable prix :
C'est dont ie vous suplie, ô belle, qu'on vous voye
Seruir comme d'Aurore, à ce beau iour de ioye.
Philoline.
L'honneur que vous m'offrez sur vn premier aspect,
Ne peut (pardonnez-moy) qu'il ne me soit suspect :
Monsieur, vous me sondez, en vous donnant carriere,

D iij

Si ie seroy d'humeur si credule & grossiere,
Que de m'attribuer & receuoir en gré,
Moy qui suis du commun, le plus noble degré:
Mais outre qu'en cela, mon iugement se range
A l'aduis d'vn miroir plus qu'à vostre loüange,
(Car ce qu'on voit en moy de passablement beau,
Pres de tant de Soleils, n'est qu'vn petit flambeau)
D'ailleurs ie feroy tort aux illustres Princesses,
Aux Dames de grand lieu, Marquises & Duchesses,
Sur qui vostre grandeur doit estendre son choix.

Leonte.

Ceste excuse est modeste, & vaine toutefois:
Car vous iugerez bien du merite d'vn autre,
Mais vous estes suspecte en l'estime du vostre.
Nul ne peut iustement se dire tel qu'il est:
Quelquefois par humeur à soy-mesme on desplaist,
Et l'on peche aussi bien (faute de se cognoistre)
En se prisant trop peu, qu'en voulant trop paroistre.
Vous ne sçauriez faillir qu'en ceste extremité,
(Car qui peut trop loüer vne diuinité?)
Mais mon eslection se trouuera suiuie
De tout œil clair-voyant, non preuenu d'enuie.
C'est pourquoy ie m'arreste en mon dessein premier.
Quant à la dignité de mon rang coustumier,
En ces lieux d'allaigresse on porte ses offrandes,
Aux plus belles du lieu, sans esgard aux plus grandes:
Et moy dés mon berceau, de grandeurs assouui,
Des pareilles à moy n'ay point le cœur rauí,

TRAGICOMEDIE.

Si ce n'est que le Ciel, par bien rare auenture
Orne leur qualité, d'autres dons de Nature.
Timadon.
Les grands ont ceste humeur, & leurs femmes aussi,
Au choix des fauoris, en font souuent ainsi:
Amour sçait aiuster les cœurs de tous calibres,
Des Princes aux petits les amitiez sont libres.
Leonte.
Ie mets le Prince à part, & vous parle en garçon.
Philoline.
Si ie vous esconduis, c'est en ceste façon.
Il faut apparier les garçons & les filles,
Et ne s'arrester point aux meres de familles.
Tharside.
Ma sœur, n'estriuez plus, cest honneur non brigué
Ne vous sera iamais en reproche allegué.
Philoline.
Vne si grande gloire à l'abord m'a troublee.
Leonte.
Cà vostre belle main, n'attardons l'assemblee.
Tharside.
Suiuons, Monsieur, allons.   ### Timadon.
Vous auez grand soin d'eux.
Si nous faut-il dancer vn bransle gay nous deux.
Elle glisse en la presse, ainsi qu'vne couleuure:
Messieurs, i'en ay bien mis : de plus laides en œuure.

D iij

SCENE II.

Pharnabaze. Phvlter.

Pharnabaze.

Qve t'en semble, Phulter ? n'ay-ie pas eu raison
De rembarrer ainsi la mignarde oraison
De ces ambassadeurs enuoyez pour m'induire,
A perdre l'auantage, & ma gloire destruire ?
Que ie fisse la paix rendant ce que i'ay pris !
Où seroit mon courage ? où seroient mes esprits ?
Vrayment la voila bonne ! ils n'ont plus que leur ville,
Qui les puisse exempter de la chaine seruile :
Mes gens les ont battus iusqu'aux pieds de leurs tours,
Ie tiens leur plat pais, leurs chasteaux, & leurs bourgs,
I'ay le double sur eux, & par mer & par terre,
Tant en forts combatants qu'en bons vaisseaux de guerre,
Ils n'ont plus de bons chefs, de finances fort peu,
Et quitter la partie auec vn si beau ieu !
Non, non, leur ay-ie dit, Abdolomin se trompe,
Croyant qu'en si bon train ma course s'interrompe ;
Le grand Philippien venant s'assujettir
Auec tout l'vniuers la genereuse Tyr,
,, M'a laissé pour leçon, qu'vne ame bien guerriere
,, Iamais ne doit planter ses bornes en arriere :

TRAGICOMEDIE.

,, Qu'on peut bien partager, quand on en est re-
 quis,
,, Ce qu'on veut conquerir, non ce qu'on a conquis.
Qu'il se dispose donc par offre volontaire,
A ceder au plus fort, se rendant tributaire,
(Et s'asseure en ce cas d'un traittement si doux,
Qu'il ne renaistra plus de rancune entre nous)
Ou bien qu'il se prepare à iouër de son reste,
Dés que Titan luira dans le Mouton celeste;
Que touchant mon Leonte, il m'est indifferent,
Pour change de Belcar, s'il le garde ou le rend :
Ie n'ay pas, Dieu mercy, les forces tant cassees
Que ie ne souffre encor les armes endossées.
Mon courage n'est point affoibli par le temps :
Et nonobstant ce poil i'ay mes bras de trente ans.

Phulter.

O mots dignes de vous, en qui l'honneur reside !
Dont l'esprit & le cœur se conseruent sans ride,
Sous le fardeau des ans, comme en la ieune ardeur
Vostre meur iugement fut tousiours sans verdeur.
   Aussi ie suis certain (tant claire est l'apparence,
Voyant les ennemis si descheus d'asseurance)
Ie voy, di-ie, grand Roy, dés vostre seul abord,
Qu'ils flechiront du tout sous l'effroy de la mort;
Ou si plus obstinez ils tentent la deffence,
Ie pense desia voir nostre assault qui s'auance,
Apres le fort belier, à leurs foibles ramparts,
Pour y planter dessus nos vainqueurs estendarts :

D iiij

Et lors soit que Leonte, en si noble conqueste,
Soit encor en l'enclos, ou soit à nostre teste,
Pour le rauoir absent, ou present l'imiter,
On verra nostre bande au double s'irriter;
Au contraire Sidon, de son Prince estant veufue,
Ne pourra s'empescher que la peur ne l'émeuue.
Pharnabaze.
Or conte-moy, Phulter, comment à ceste fois
Le champ fut balancé par vn tel contrepois,
Que deux camps ennemis, egaux se retirerent,
Les deux contraires chefs prisonniers demeurerent:
Ie ne l'ay pas bien sçeu, iamais d'vn long discours
Ie ne souffre empescher ma cholere en son cours.
„ On doit, quand vn reuers à nos desirs s'oppose,
„ Preferer le remede au recit de la chose.
Pulther.
Si-tost qu'au rendez-vous nos drapeaux s'arborants
Furent tous accomplis, de files & de rangs,
Du terroir reconquis nous passasmes les bornes;
Le Tente estant gayé, ià vis à vis des cornes
Du mont Antiliban, nos quartiers se plaçoient,
L'horreur & le trespas deuant nous s'auançoient,
Et le gay souuenir des victoires passees
Estourdissoit le Ciel de nos voix eslancees
Ainsi voit-on souuent, par vn vol passager,
En vn ordre constant sous leur chef se ranger,
Puis faire en hachant l'air, les haut-volantes gruës,
Qu'au clairon de leurs cris retentissent les nuës.

TRAGICOMEDIE. 57

Belcar voyant de loin ce pompeux appareil,
Et n'ayant le bon-heur, ny le nombre pareil,
Mesme recognoissant la fougue refroidie
De ses Soldats battus, durant sa maladie,
Connilla quelques iours, esquiuant, reculant,
Mais tousiours en sa marche aussi ferme que lent,
Tant qu'il fut emparé d'vne colline forte,
Où l'on n'eust sçeu couper ses flancs en nulle sorte.

Là chacun l'œil à l'erte, en sa poste suiet,
Voyoit à tous moments quelque nouuel objet
D'allarmes, de coureurs, d'escarmouche attaquee,
Où la fortune estoit diuerse remarquee.

Nos camps se ressembloient d'ordonnance à peu
  pres:
De cheual & de pied, les descocheurs de traits,
Composoient l'auant-garde, où comme à l'ordinaire,
Eux & nous auions mis l'Arabe mercenaire,
Parmy nos bons coureurs, qui sur cheuaux legers,
Du dard & de l'escu secondoient les archers.
(Ainsi que les boucliers, meslés de piques seiches,
Serrez faisoient espaule, aux fantassins à flesches):
Les lanciers harnachez, targuez de chariots,
(Pour eux des Syriens, pour nous des Cypriots)
Faisoient l'vne & l'autre aisle, au corps de la bataille,
Tous bien armez à cru, de la plus grande taille:
Ses plus gros bataillons, d'vn & d'autre costé,
Auoient leurs alliez de la Triple-cité,
Et d'estrangers pietons luy sa Grecque Phalange.

Nous, les forts Palestins, pour luy rendre le change:
Nostre bagage en queuë, auoit pour son appuy,
Des troupes à deux fronts, ce qu'il n'auoit pas luy:
Car sa ville à son dos l'asseuroit à la teste,
Chacun s'esioüissoit comme allant à la feste.
 A ce notable iour, files & rangs dressez,
Tous reluisants de fer, ou de bois herissez,
Nous couurons la campagne, où la caualerie
Gardoit son parallele auec l'infanterie:
Maint peloton volant de tireurs asseurez,
Sçauoit & sa retraitte & ses pas mesurez.
 La marche en approchant fut egalement fiere,
On auoit my-party le iour & la poussiere,
Nostre auantage estoit en plus de combatans :
Mais le Sidonien, rusé comme en tout temps,
Par éuolutions, au debat d'vn passage,
Nous donna le Soleil & le vent au visage.
     Pharnabaze.
Vous combattiez le Ciel. Phulter. Ià les enfans perdus
Estoient entrelassez pesle-mesle espandus:
Les gros vindrent au chocq : ô terrible iournee
Au seul gain de Charon par le Ciel destinee!
Tant de voix, de tambours, de cliquetis diuers,
Faisoient comme en chaos resoudre l'Vniuers :
Bellonne ayant au front de Gorgonne la creste
Chassoit auec son foüet la rage & la tempeste
Dans l'estour acharné ; sans nombre les esprits
Sortoient des corps tombants auec horribles cris.

TRAGICOMÉDIE.

Là de l'acier trenchant & du fer de sa lance,
Mon Prince executa mille traits de vaillance,
Taillant & renuersant plus d'ennemis naurez
Qu'on ne voit trebuscher de fleurettes aux prez,
Quand vn robuste ouurier à l'eschine estenduë
Fraye d'vn courbe outil la riue non tonduë.
Tout cede à sa fureur, & croy mesmes qu'vn Dieu
Caché de son harnois combattoit en son lieu:
Il tenoit l'aisle gauche, & Belcar à la droitte,
Aussi violemment qu'adroittement exploitte:
Il esclaircit les rangs ; iamais la fiere mort
Par la main d'vn mortel ne rendit tel effort.
Le foudre suit l'esclair de son acier qu'il léue,
En forçant les plus forts sans pardon & sans tréue.
Que si lors ces deux chefs se fussent abordez,
Ils eussent seuls pour tous les differends vuidez:
Leonte de sa part enfonce la victoire,
Belcar ne trouue rien qui démente sa gloire:
Mais le pieton se mesle & demeure douteux.
Qui voit sur le sablon de l'Ocean venteux
Le flus s'entrechocquant au progrés des marees,
Empietter peu à peu d'auances rembarrees;
Voit comme en nous mouuant d'vn variable cours,
En arriere, en auant, nous auançons tousiours.
La palme estoit à nous quand d'vn vallon plus proche
Vne embusche puissante à trauers se décoche.
Là vostre fils trop prompt sans conduite auancé
Se laissa prendre, helas ! comme il se veid pressé,

N'ayant que trop de cœur, mais manque de conduite:
Belcar doublant sa pointe, & chauld en sa poursuite,
Perçant les fantassins, à nostre flanc reuint;
Mais vn escadron frais vertement le soustint:
Luy trouuant resistance, & foible d'vne playe,
Auise à son danger & la retraitte essaye,
Lors son cheual luy tombe, & son bras est froissé,
On le prend à mercy comme il est terrassé:
La lumiere faillante, on commande aux trompettes,
D'assembler les restants à diuerses cornettes.

Pharnabaze.

Si ce cœur magnanime estoit propre à plier,
Et par vn bon tribut sous moy s'humilier,
Ie te diray, Phulter, vn secret en fiance,
Qu'auec luy ie pourroy tramer vne alliance.
Que ne feroy-ie point, & qui ne me craindroit,
Au bras gauche vn Belcar, & mon Leonte au droit?

SCENE III.

LEONTE. TIMADON.

Leonte.

AH! qu'elle parle bien! dance de bonne grace!
I'y seroy bien cent ans, auant que ie m'y lasse,
Timadon mon amy, ie ne m'en puis rauoir:

TRAGICOMEDIE. 61

Dieux, qu'vne belle femme a sur nous de pouuoir!
I'ay l'esprit tout saisi, i'ay le sein plein de flâme,
Enfin ie suis naüré iusqu'au profond de l'ame;
Et faut, à quelque prix que i'en puisse iouyr,
Gaigner ce beau tendron qui ne me peut fuir.
Ie recognoy desia que la place est prenable,
Et pense auoir rendu la bresche raisonnable.

Timadon.

Commandez-vous, mon maistre, en cét aspre desir,
Ne vous prodiguez point pour vn petit plaisir:
C'est chez vos ennemis où vous estes en serre,
Laisez-là les amours, & pensez à la guerre.

Leonte.

» Mars & son fils Amour ont chacun leur saison :
» L'vn regne à la campagne & l'autre à la maison.

Timadon.

Il ne faut que la paix où Cupidon domine,
Car l'amour feminin les grands cœurs effemine.

Leonte.

Quoy ? le Dieu des combats fut l'amant de Cypris.

Timadon.

Mais il fut sur le fait honteusement surpris.

Leonte.

O la honte gaillarde! où ceux qui s'en mocquerent,
D'vn semblable desir eux mesmes se piquerent!
Les plus braues guerriers que l'histoire a louez,
Aux belles de leur temps souuent se sont iouez.

Timadon.
Mais plusieurs, comme Hercule, en ont perdu la vie.
Leonte.
Sa mort d'honneur diuin fut neantmoins suiuie.
Timadon.
Rien n'a terny l'honneur de ce Dompte-geant,
Que de s'estre monstré lascif, & fay-neant,
Lors que dessous ses loix la Royne de Lydie
Amusoit à filer sa dextre accoüardie.
Leonte.
Si fut-il admiré pour masle tres-puissant,
D'en auoir vne nuict défloré demy-cent.
Qu'il sied mal à vostre aage, à vostre nourriture,
De faire le Stoique ennemy de nature!
En la ieunesse il faut que ce mal ait son cours :
Si vous me voulez plaire, au lieu d'vn tel discours,
Cerchons l'inuention la plus prompte & plus seure
D'auoir la guarison d'où me vient la blesseure ;
Il y faut proceder de subtile façon,
Le tout est d'éuiter du mary le soupçon:
Car ie voy que la belle est d'vn abord facile,
Et qu'à ce premier chocq sa chasteté vacille.
Timadon.
Excusez, Monseigneur, la crainte que i'en ay,
C'est de vous voir en vain d'vn tel soucy gesné,
Sans pouuoir paruenir où vostre cœur aspire,
,, Vn desespoir d'Amour de tous maux est le pire :
Car s'il en est ainsi, comme le bruit en court,

TRAGICOMEDIE.

Que son vieil radotteur la retient de si court,
Qu'il ne rend à nul homme accessible sa porte,
Et que fort rarement il permet qu'elle sorte ;
Vous n'en cheuirez pas ; car ce mattois grison
Luy donneroit plustost la mort, ou la prison :
Lors au lieu d'alleger vostre peine à vous-mesme,
Vous mettrez elle & vous en vn peril extréme

Leonte.
Qu'il ne le feroit pas sans s'en bien repentir !

Timadon.
Vous estes à Sidon, vous n'estes pas à Tyr ?

Leonte.
Quand elle auroit pour garde vn dragon Hesperide,
Vn Cerbere à trois chefs, voire vn Aristoride,
Qui prenoit asseurance au nombre de cent yeux,
Pour frauder les plaisirs du Monarque des Dieux,
Si de tous mes moyens en ma poursuite i'vse,
I'emporteray ce prix ou de force, ou de ruse.

Timadon.
Pleust-il aux Immortels que ceste belle fleur
Fust facile à cueillir comme sa belle sœur !
A qui ce faulx ialoux, pour estre bien gardée,
(Ainsi qu'elle m'a dit) l'a tant recommandée :
Ceste bonne commere, à ce qu'il m'en appert,
Ne fuiroit le desduit qui luy seroit offert.

Leonte.
As tu sondé ce gué ?   ### Timadon.
Tandis que Philolijne

Parfaisoit auec vous vn pair de bonne mine,
Et que des violons les fredonnans accords
Sembloient comme animer vos membres & vos corps,
Qui faisoient aux danceurs naistre & perdre l'enuie,
Rendans d'estonnement l'assistance rauie;
Il n'en faut pas mentir, ie ne sçay quel instinct
Sur vn si bel obiect en extase me tint.
Leonte.
Comment? sur mes amours?   Timadon.
               Non, mais pour m'en distraire,
(Tant peut sur nostre esprit la force imaginaire)
I'entrepris sa compagne, & d'vn mutuel feu,
Qui par ioyeux deuis s'embrasoit peu à peu,
I'en deuins tant épris, elle tant amoureuse,
Que sans les esclairans qui la rendoient peureuse,
Nous nous fussions portez à quelque priuauté,
Qui nous eust fait grand bien d'vn & d'autre costé.
Leonte.
Et bien, ne perdez point la chose differée,
C'est vne occasion qui vous est preparée
A passer vostre temps, & dont peut-estre aussi
L'heur me naistra de voir mon dessein reüssy.
,, *Celle qui sent pour soy la desbauche estre bonne,*
,, *Ne trouue pas mauuais qu'vne autre s'abandonne,*
,, *Pourueu qu'à mesme obiect ne tendent leurs desirs.*
Timadon.
Ie tiendray le plus cher d'entre tous mes plaisirs
De vous paroistre vtile en vn si doux seruice.
Leonte.

TRAGICOMEDIE.
Leonte.
Sois seur qu'vn beau present suiura ce bon office.
Timadon.
Ie la vay de ce pas chatoüiller, cajoller,
Et le passionné tellement simuler,
(M'ayant de sa maison desia promis l'entrée)
Que ie l'attraperay tant soit-elle madrée:
Elle est vieille de vray, son haleine me put,
Mais ie me contraindray pour venir à mon but.
Puis elle est Iouialle, aymant le mot pour rire,
Et moy ie me fais fort de le sçauoir bien dire:
Cela s'accorde bien. Naguere en deuisant,
Comme ie l'amusoy sur vn conte plaisant,
La follastre qu'elle est riant de bon courage,
A pensé me cracher vne dent au visage.

TYR ET SIDON,

ACTE QVATRIESME.

SCENE I.

Tharside. Timadon.

Tharside.

C'Est assez pour ce coup, mon gentil escuyer,
Iamais ton entretien ne sçauroit m'ennuyer :
Mais de ce cabinet rentrons en nostre salle,
Pour reprendre vn peu l'air & fuïr le scandale.
Timadon.
Vienne icy qui voudra, s'il pretend interest,
Pour maintenir mon droit i'ay la lance en arrest,
Et suis maistre du camp.   Tharside.
                    Que vous m'auez surprise!
Mais souuenez-vous bien de vostre foy promise :
Quant à moy ie suis vostre, & i'inuoque Alecton,
Pour enuoyer mon ame au gouffre de Pluton,
Si ie vous romps iamais mon amour coniugale :
Or sus contentez-moy d'vne asseurance égale.
Timadon.
Quoy? mon cœur, pensez-vous qu'vn pauure caualier
Ne se repute heureux de si bien s'allier?

TRAGICOMEDIE. 67

Pourroy-je prendre femme à plus grand aduantage,
Qu'aussi belle que bonne, aussi riche que sage?
Ie suis du tout à vous, & fiez-vous en moy,
Ie me rompray le col quand ie rompray ma foy :
Mais pensons à mon maistre, & cherchons quelque voye
Qui le porte auec nous au comble de la ioye :
Il est Prince loyal, qui bien paye vn bien-faict,
Et croy que de vous seule il attend cét effect.

Tharside.

Ie suis preste, mon cœur, que veux-tu que ie fasse?
Mais mon frere est bien fin, deuant luy rien ne passe,
Ie suis desia suspecte, il m'a fort reproché
De n'auoir vostre maistre en sa dance empesché :
Toutesfois ie voy bien s'il faut que ie m'en mesle,
Qu'il passera pour duppe, ou pour coucou sans aisle.
Or ne voudriez-vous pas m'exposer au mespris,
De porter simplement vn poulet de Cypris,
Mesmes ie vous nuirois. N'esperez-pas qu'elle ose
Agreer en mes mains si chatoüilleuse chose;
Ses plus ardens desirs deuiendroyent vn refus,
Qui me rendroit d'abord le visage confus :
Faites-donc vos essays, vos approches premieres,
Rendez-luy par escrit vos plaintes familieres.

Timadon.

Oh! ma belle, & comment? vn Eunuque ridé
Tient le pas de son huis si clos & bien gardé,
Qu'vne Ombre eschapperoit au chien à triple teste,
Plustost qu'vn messager à ceste laide beste.

E ij

Tharside.

Qu'on le peut bien tromper! l'yurongne, tel qu'il est,
Quand son maistre s'absente, aux tauernes se plaist.
Or excepté ce monstre, horreur de la famille,
Le surplus du mesnage en seruantes fourmille,
Qui plaignent leur maistresse, & blasment le soupçon
Du ialoux qui ne souffre entr'elles vn garçon:
C'est pourquoy le danger n'est qu'au sueil de la porte,
Nul n'auise au dedans quiconque entre ny sorte.

  Faites donc par argent, ou par vin respandu,
Glisser quelque billet qui vous soit respondu,
Sinon d'vn trait de plume, au moins de voix fidelle;
Lors, dés que vous aurez quelque asseurance d'elle,
Reposez-vous du reste, & me laissez agir,
Vous verrez à bon port vostre amoureux surgir:
De le monter au lict i'ose bien entreprendre,
Faites qu'il soit pourueu d'vne eschelle à descendre.

Timadon.

Tu vaux trop, ma mignonne, adieu, le temps se perd:
Mon Prince trop actif, en amour mal expert,
Pense qu'en m'amusant son seruice i'oublie,
Ou qu'indiscrettement son dessein ie publie.

SCENE. II.

Zorote. Timadon. Vn Page de Leonte.

Zorote.

O Grands Dieux ! le moyen de viure en bon accord !
Quand ie la veux baiser la vilaine me mord :
Ie deuiendray, ce croy-ie, aussi fou qu'elle est sotte.

Timadon.

Ie me tire à l'escart, voicy venir Zorote,
Il fume de colere, il me faut escouter
Ce qui le fait ainsi de soy-mesme irriter.

Zorote.

Or puis-je librement sans note d'infamie
Entretenir aux champs quelque gentille amie,
Tenant ceste farouche au logis de si court
Qu'elle n'orra parler de balet ny de Court.
Ainsi ie m'en iray, sans que rien elle en voye,
Auec quelque beauté me donner au cœur ioye,
De qui pour mon argent, mieux qu'en elle employé,
Ie receuray plaisir, tant tenu, tant poyé.
Toutesfois, quãd i'y pense, il vaut mieux qu'elle sçache
Ma vengeance contre elle, & que rien ie n'en cache,
Prenant (puis qu'à me plaire elle se plaist si peu)
Plaisir à luy desplaire en vn coin de son feu :

Il me faut donc chercher quelque ieune mignonne,
Que pour fille de chambre en gauſſant ie luy donne,
Et que me la voyant baiſer & mignarder,
De deſpit elle en créuë & n'en oſe gronder.
Que ne fay-je rencontre au choix que ie proiette,
D'vne belle à mon gré, qui ſe rende ſubiette
A mes ſeules humeurs, bien reſoluë en ſoy
De ſe roidir contre elle, & de plier ſous moy!

Timadon.

Ha! ie ſçay bien ton cas, c'eſt aſſez, ie voy naiſtre
Vne occaſion propre au deſſein de mon maiſtre:
Vn page de chez nous, beau fils & bien ruſé,
Pourra iouër ce roolle en habit déguiſé;
Car ſi bien ſa voix claire à ſon luth il marie,
Qu'il paſſera touſiours pour fille bien nourrie.

Le Page. Timadon.

Le Page.

Ie vous cherche, Monſieur.

Timadon.

Le voicy tout à point,
Entrons, viſte, il vous faut mettre bas le pourpoint.

Le Page.

Eh! mon Dieu, qu'ay-je fait?

Timadon.

Nan, n'ayez pas de crainte,
C'eſt pour faire de vous vne pucelle feinte.

SCENE III.

Leonte. Timadon.

O La riche sentence, & digne de l'autheur,
De cét Athenien, ce grand legiflateur,
Qu'il faut toufiours attendre au dernier iour de l'hôme,
Auant que fans douter bien-heureux on le nomme !
Tant voit-on de rochers fur nos teftes panchez,
Et de glaiues pointus d'vn filet attachez,
Prefts à chaque moment, fans refiftance aucune,
D'accabler les mortels, ioücts de la fortune !
Tant font-ils tout-à-coup d'efprit comme de corps,
Par les afpects du Ciel rendus foibles ou forts !
   Qui voudroit auiourd'huy dénier, incredule,
D'Vlyffe les pourceaux, la quenoüille d'Hercule,
Et les corps par Medufe en pierre transformez,
Si Leonte dément fes exploits renommez ?
Quel changement, ô Dieux ! & qui le pourra croire ?
Ce cœur iadis fi fier, fi ialoux de fa gloire,
Eft bleffé, gourmandé, par vn aueugle enfant,
Qui l'enchaifne, & l'entraine à fon gré triomphant:
Luy, dont tout l'Orient n'euft point affouuy l'ame,
A borné fa conquefte en vne feule dame :
Luy, qui n'euft iamais peur des bras plus furieux,
D'vn vieux fou, d'vn ialoux apprehende les yeux !

E iij

O vergongne! ô douleur! rage qui me possede!
A quoy me resoudray-je en ce mal sans remede?
Que fais-tu, Timadon? m'as-tu donc delaissé,
Sans ayde, sans conseil, & d'ennuis oppressé?
Ne considerant pas que toute inquietude,
S'aggraue & se redouble auec la solitude:
Qu'au lieu d'vne heure ou deux le temps de ton congé
En des iours, ains des ans me semble prolongé!
Las! tu cognois assez combien ma peine est dure,
Mais tu t'en ris à l'aise, & faut que ie l'endure.

Encor si ie pouuois soulager mon esprit
Auec ceste beauté, conferant par escrit:
Mais, piure que ie suis, nul ne m'ose promettre
De luy faire tenir ce petit mot de lettre.

Timadon. Leonte.

Timadon.

Cà, çà, baillez-la-moy, vostre cas ira bien.

Leonte.

Mō amy, le doux mot! (Tima.) Ne vous peinez de rien
Vn page qui s'habille en guise d'vne garce,
Vous rendra bien content à la fin de la farce.

Leonte.

Mais dites-moy cōment. (Timadon.) Moderez ce desir,
Vous le sçaurez tantost auec plus de plaisir.
Adieu vous dy, Monsieur. (Leon.) Ie me laisse conduire
Voyez à quoy l'Amour ses subjets va reduire,
Ie suis serf de mes gens ne les osant fascher,
Quand bien ils me deuroient au visage cracher.

SCENE IV.

ALMODICE, Gouuernante des Princesses de TYR.

Cela ne me plaist point, & n'en sçay que penser,
Que resoudre encor moins, ni par où commencer:
Mon soupçon n'est pas faux: en amour comme en chasse,
La vieillesse routiere éuente bien la trace,
Mais la ieunesse forte & de course & de dent
Préuient & le bon nez & le conseil prudent.
Que ma charge me peze, & que la mort me tarde!
I'ay des filles du Roy la dangereuse garde,
Dont tant bien qu'en seroit mon deuoir acquité,
Le pere a neantmoins tant de seuerité,
Que si l'vne des deux glissoit à quelque faute,
Seule il me conuaincroit negligente & peu caute:
Voire sans excuser qu'en la fleur de leurs ans,
Belles comme elles sont, parmi des courtisans,
Sans mere dés l'enfance en liberté nourries,
Mes leçons desormais leur sont des réueries:
Leur cœur en tel estat aux plaisirs est enclin,
Susceptible de feu plus qu'estouppes de lin,
Plus que soulfre subtil, plus que le Naphthe encore,
Qui des rayons du feu tout en feu s'euapore.

Ie le sçay bien par moy, dés mes ieunes saisons
Ie me suis fait frotter pour ces démangeaisons,
Qui chatouillent bien plus que cirons ny gratelles :
Nostre sexe a souuent des heures qui sont telles,
Que si mesme vn magot poursuiuant s'y rendoit,
Il nous feroit tomber du seul bout de son doit.
Sexe, fragile sexe ! en qui la honte née
Au lieu de la raison pour bride estant donnée,
D'abondant la Nature aux hommes l'a soubmis,
Afin que rien de trop ne nous estant permis,
Nostre peu de pouuoir au deuoir nous limite ;
Car la femme la flamme en naturel imite;
Dés que d'vn poulce ou deux nous en auons tasté,
Nous en voulons vn pied, i'entends de liberté.

 Or tonchant ces deux sœurs, Cassandre la premiere
(A qui ie suis nourrice & tant plus familiere)
Auec vn port modeste, vn parler retenu
Forge moins de saucis dans mon timbre chenu.
,, I'y veille toutesfois, souuent en onde coye
,, Plustost qu'en eau courante vn bon nageur se noye;
De vray iusqu'à present force dignes partis
Par son entretien froid ont esté diuertis,
Trop deuote qu'elle est à la chaste Diane :
L'autre est tout à rebours, la ieune Meliane
De façon plus ouuerte & plus riche en discours,
A tous ses mouuemens donne vn plus libre cours,
Dés qu'vn homme apperçoit deux cometes brillantes
Sur le ciel de son front à pointes fretillantes ;

TRAGICOMEDIE. 75

Son air touſiours gaillard, ſon viſage poupin,
Sa taille ſans excés, mais droitte comme vn pin,
Le tout accompagné d'vne grace à bien dire,
D'vn teint où contre l'art la nature conſpire,
(Brauant & la ceruſe & le cher vermillon)
Auſsi toſt il s'y bruſle ainſi qu'vn papillon,
Et croy (dont bien m'en prend) que ſon rang de Prin- (ceſſe
Garde mille riuaux d'y faire trop de preſſe.

Or noſtre Souuerain cognoiſſant ſon humeur,
Et ſçachant qu'vn tel fruit ne ſe garde trop meur,
(Combien que iuſqu'icy ceſte mine volage
N'ait rien fait qui ne ſoit priuilegé de l'aage,
Son penſer eſt peut-eſtre en l'honneur mieux anchré
Qu'vn autre ſous vn geſte hypocrite & ſucré)
Le Roy, dy-ie, a conclu, meſme au gré de l'aiſnee,
De la renger premiere au ioug d'vn Hymenee :
Et n'eſtoit qu'auiourd'huy, contre vne offre de paix,
Il a reconfirmé la guerre pour iamais,
Ie croiroy qu'en ſon cœur l'alliance il proiette
Du valeureux Belcar auec noſtre cadette,
Voyant qu'à toutes deux il daigne recharger
La viſite & le ſoin de ce Prince eſtranger:
Charge que Meliane en toute confiance
Execute ſouuent outre la bien-ſeance;
C'eſt dont ie ſuis en peine, & crains que peu à peu
De ces miroirs ardans il naiſſe quelque feu,
Duquel lors qu'on voudra rendre la braiſe eſteinte
Il faudra le ſouffrir & nourrir par contrainte,

En danger, m'en meslant, (c'est le pis que i'y voy)
D'auoir l'inimitié de la belle & du Roy.
La voicy qu'elle en vient, elle tremousse toute:
Il faut que me cachant de ce coin ie l'escoute.
    Meliane.
Mon cœur, esgaye-toy, ton Belcar se guerit,
Et selon ton desir la fortune te rit.
Peut-on plus de ce Prince esperer qu'il ne donne ?
Puis qu'à nostre puissance il soubmet sa couronne,
Toutes conditions il baille à nostre choix,
Se rend nostre vassal, esclaue de nos loix,
Pourueu tant seulement qu'on m'accorde pour femme
A luy qui tient desia le meilleur de mon ame,
Acheptant de son tout la chose qu'en pur don
L'on eust deu luy porter iusques dans sa Sidon :
Car si pour s'appuyer les filles on marie,
Quel plus ferme support dans toute la Syrie,
Que luy qui donne à tous, à nous-mesmes l'effroy?
Si pour la qualité, fils vnique de Roy;
Si pour la galantise & les vertus communes,
Son entregent fait voir qu'il ne manque en aucunes.
Au fort i'aymerois mieux m'empestrer au lien
D'vn homme si parfait, quoy que priué de bien,
Fondant son patrimoine au seul droit de la guerre,
Qu'espouser vn Monarque indigne de sa terre.
Et puis, nostre Leonte, à qui sans coup ferir
Ie vay non seulement vn Royaume acquerir,
Mais vaincre, qui plus est, son rude antagoniste,

TRAGICOMEDIE. 77

Et faire qu'en ses mains de tout il se desiste,
Seroit-il pas ingrat si pour vn tel bien-fait
Il ne se reuengeoit d'vn reciproque effet,
Rendant à moy sa sœur pour sortable apanage
Le sceptre de Belcar horsmis le seul hommage?
 Or n'est-il encor temps d'ouurir vn tel secret,
Ie ne le puis couuer toutesfois qu'à regret.
L'aize m'estouffera si mon cœur ne l'éuente,
Mais ie n'ay confiance à nulle ame viuante
Qu'à la seule Almodice, elle a sur nous égard,
De nos biens & nos maux elle espere sa part:
Bien qu'ainsi que ma sœur son lait ne m'ait nourrie,
Si m'a-t'elle tousiours non moins qu'elle cherie.
Aussi m'a mis és mains mon liberal amant,
Pour l'attirer à soy ce riche diamant,
Et promesse de plus, si par son entremise
Le Ciel benit l'affaire entre nous deux promise.

Almodice.

Ie n'ay rien entendu qui me soit déplaisant,
Courage, c'est bien fait, ie prendray ce present:
Et si sa Majesté ne se cabre au contraire,
D'ayder à ce dessein rien ne me peut distraire.

SCENE. V.

CASSANDRE.

EN vain, pauure Cassandre, en vain t'efforces-tu
De resister aux traits dont ton cœur est battu !
Belcar est ton vainqueur, il faut ceder, pauurette,
Ne fay plus de la fine & confesse la dette.
Ha ! bons Dieux qu'à mon dam ie crain d'auoir appris
Quels sont les rets subtils de l'enfant de Cypris !
Comment sans y penser ie m'y suis enlacee !
Visitant vn blessé ie me trouue blessee,
Qui pis est ie me plains sans bien sçauoir dequoy,
I'accuse vn innocent ne songeant point à moy,
Desia de cruauté i'ay son ame blâmee,
Et si n'ay point encor sa pitié reclamee ;
Ie voy que sa presence excite ma douleur,
Et si tiens son absence à souuerain malheur,
Ie ne puis esperer qu'à ce Prince on m'allie,
Et c'est ce que i'espere, ô comble de folie !
Ie sçay que mon desir est contre la raison,
Est traistre à mon honneur & traistre à ma maison,
Et toutesfois ie vay comme à bride abbatuë
Vers cet œil qui nourrit ce desir qui me tuë:
Ainsi qu'vn clair ruisseau dont le cours eslancé
Tout volontairement par soy-mesme forcé,

TRAGICOMEDIE.

Cherche vn fleuue puissant qui sans en faire estime
Engloutit & son onde & son nom legitime.
Or ie meurs le voyant, & ie meurs sans le voir;
Donc si fuir la mort n'est plus en mon pouuoir,
I'encourray le peril où mon instinct me pousse:
La mort selon nature est tousiours la plus douce.
Ie vay le visiter, qu'il me feroit grand bien
De le trouuer tout seul en vn libre entretien!
Ie n'y meneray plus ceste sœur importune,
Qui pourroit bien m'oster l'espoir de ma fortune.

SCENE VI.

ZOROTE, yure.

EVoé Bromien, Dieu conquereur des Indes,
Que tu me reds gaillard & que i'ayme tes brindes!
Tous les soucis chagrins qui troubloient mon cerueau,
A force de bon vin sont allez à vau-l'eau:
Dieux que ie suis dispos! à la gauche, à la droite:
Ie dance les cinq pas : mais la rue est estroitte,
Holà, ie suis tombé, courage, ce n'est rien,
Ie ne suis pas trop saoul, car ie me leue bien :
O qu'auiourd'huy i'ay fait vne plaisante vie!
De ce doux souuenir i'ay l'ame encor rauie,
Ni le pain ni le vin ne m'ont pas semblé cher,
Mais on m'a bien vendu ce que i'ay pris de chair,
Toutesfois c'est ma faute, & manque de courage
Il n'a tenu qu'à moy d'en prendre dauantage :

Mais il faut estre chaud comme les passereaux,
Pour ne plaindre l'argēt qu'on donne aux maquereaux.
Or moy ie suis tousiours sobre de ma nature,
Et bien plus par dessous que dessus la ceinture :
Sentant du premier coup deffaillir mon baston,
Ma main s'appuye au crin, mes leures au teton,
Ie dy quand le sujet à mon gré se rencontre :
En fin i'ay fait passer trente beautez en monstre,
Afin de contenter mon charnel appetit,
(Qui deuient plus friand plus il deuient petit)
Si n'ay-ie rien veu-là qui mon desir enflamme,
Et n'ay trouué putain plus belle que ma femme.
A d'autres pour le soir mon cas estoit remis,
Où i'auroy l'arbitrage auec vn compromis.
Mais il faut qu'vn sommeil ma desbauche accourcisse,
I'ay besoin de repos plus que d'autre exercice.
Holà, hau ! Bagoas, ouure viste, c'est moy :
Le vilain n'entend point, hé, hé, despesche-toy :
L'on ne me respond pas, aucun n'est à la porte,
Donc force me sera d'attendre que l'on sorte.
Mais ie t'auray, coquin. Toubeau, i'ay peur de choir,
Puis que ie trouue vn siege il me vaut mieux asseoir.

Timadon. Le Page habillé en fille.

Timadon.

Page, c'est assez dit.

Le Page.

Quoy ? m'appellez-vous page ?
Oh ! ne m'offensez point auec cet equipage :
Car puis que ie suis fille, & belle, dites-vous,

Ie suis

TRAGICOMEDIE. 81

Ie suis auiourd'huy franc d'iniures & de coups.
Timadon.
Avez-vous bien lié (pour paroistre fenduë)
La creste de coq-d'Inde à vos aynes penduë?
Gardez qu'auec la main le mesfiant magot
Voulant prendre vn creuset ne rencontre vn lingot.
Le Page.
I'ay fait de mon relief vne platte peinture :
Que si chaque espousee au tournoy de Nature,
Asseuroit son faquin d'vn aussi fort plastron,
Le plus hardy lancier y deuiendroit poltron.
Timadon.
Taisez-vous, ie le voy, mais ie croy qu'il sommeille,
Adieu, tirez-vous pres, que vostre voix l'eueille.
Le Page. Zorote. Bagoas.
Le Page.
Quittons les bataillons cruels
   Où rien qu'horreur ne se rencontre,
   Pour dans les amoureux duels
   De nostre valeur faire monstre :
Adieu donc Mars qui te repais
   De frayeurs, de sang & de larmes :
   Fy des rancunes, fy des armes,
   Et viue l'Amour & la paix.
Zorote.
Ou l'oreille me corne, ou i'entends quelque son
Qui me rompt le sommeil & semble vne chanson.

F

Le Page.

Cherchons les assauts de Bacchus
 Et les tournois de Cytherée,
 Où des vainqueurs & des vaincus
 La ioye egale est asseuree.
Adieu donc Mars qui te repais
 De frayeur, de sang & de larmes:
 Fy des rancunes, fy des armes
 Et viue l'Amour & la paix.

Zorote.

O qu'elle chante bien, ceste fille de ioye!
Le gentil perdreau! sans doute on me l'enuoye.

Le Page.

Le plus grand coup de leurs combats
 Est plus doux quand plus fort il entre,
 Soit par en haut, soit par en bas,
 Il fait tousiours grand bien au ventre.
Adieu donc Mars, &c.

Zorote.

L'argent peut contenter ton premier entonnoir,
Mais le desir de l'autre est hors de mon pouuoir.

Le Page.

Ce n'est qu'en chair morte où la Paix
 Le fil de ses couteaux exerce,
 Et ce n'est qu'aux trous desia faits
 Qu'Amour de sa lance nous perce.
Adieu donc Mars, &c.

TRAGICOMEDIE.
Le Page.
O plaisirs qui me semblez seuls
   Dignes qu'vne ame s'en rauisse,
Qu'il fait bon mouuoir les linceuls
   Quand la nappe a fait son seruice !
Adieu donc Mars qui te repais
   De frayeur, &c.
Zorote.
Bon bon sur ce ton-là. La petite friande !
Il luy faut la chair viue apres toute viande.
Le Page.
Ne trouueray-ie point quelque drosle auiourd'huy,
Qui me donne vn souper & le giste chez luy ?
Zorote.
Que voicy bien mon fait ! vien, ma mignonne, approche.
Le Page.
O que vostre batail est trop mol pour ma cloche !
Vous m'auez le minou, bon-homme, de bailler
Plus d'argent pour chaumer que pour bien trauailler.
Zorote.
De vray pour auiourd'huy i'ay deuancé ma tasche,
Mais si iusqu'à demain l'attente ne te fasche
Mon cœur, ne te soucie, encor trouueras-tu,
Que tu me prends à tort pour vn coigne-festu.
Le Page.
Pour faire vn petit sault vous prenez grande course,
N'importe, au pis aller, vous auez bonne bourse.
Mais cependant, mon pere, où feray-ie mon nid ?

F iij

Zorote.
Tu trouueras chez moy bonne table & bon lict.
Le Page.
Changez ceste L, en V, rimez de ce que i'ayme,
D'vn bon baston de lict plus doux que le lict mesme.
Zorote.
Au reste nous feindrons, (entends bien mon des-
sein,)
Que voyant que ma femme a le tymbre mal-sain,
Ie me suis auisé de ta douce Musique
Pour vaincre en son esprit l'humeur melancholi-
que :
Si la folle en dançoit nous ferions vn beau coup.
Le Page.
Ie la feray dancer, mais le bransle du loup.
Zorote.
Que dis-tu? Le Page. Rien, Monsieur.
Zorote. Demain dés l'aube fresche,
En ma maison des champs, où nul œil ne m'em-
pesche,
Nous irons desrober vn morceau de bon temps :
Entrons. Hé! Bagoas.   Bagoas.
Holà, ie vous entends.
Zorote.
Yurongne, d'où viens-tu, tandis que ie demeure
Tourmentans le marteau quasi depuis vne heure ?
Si ie te prends, pendart.   Bagoas.
Voyez-vous pas mon seau ?

TRAGICOMEDIE. 85

La leßiue se fait & i'en ay puisé l'eau.
Zorote.
Est-ce là ton deuoir, quand les seruantes chaument?
Bagoas.
Les folles qu'elles sont, me nazardent, m'empaument,
Mille niches me font, si ie ne prens le faix
Des ouurages plus forts pour achepter la paix ;
En fin ie suis si las que la mort i'en souhaitte,
Car ie suis de ceans & l'asne & la chouette.
Zorote.
Reuenge-toy, vilain.   Bagoas.
           Tiendroy-ie teste à dix,
Quand d'vne vous souffrez les mandissons hardis?
Le Page.
De m'amener icy, mon pere, c'est folie,
Pensant donner la chasse à la melancholie :
Comment sortiroit-elle auec tous ses ennuis,
Ce rechigné Saturne estant au pas de l'huis ?
Bagoas.
Pandore, il n'y faut plus que ta seule rencontre
Pour combler la maison de toute mal-encontre.
Le Page.
Tay-toy, fol Corybant, tay-toy, cul degradé.
Bagoas.
Toy, Ménade, tay-toy, tay-toy, cul débordé.
Le Page.
Vieux chien seuré d'amour.   Bagoas.
           Et toy lice eschauffee.

F iij

Le Page.
Bouquin chastré de laict.   Bagoas.
                            Et toy cheure coiffee.
Le Page.
Chapon mal recousu, vieil hongre à maigre dos,
Singe au menton pelé, tu me sembles dispos,
Estant leger de reins & leurier de la panse,
Ie t'auroy tost appris à sauter en cadence.
Bagoas.
I'ayme fort à dancer des maschoires d'en bas,
D'autre sorte de bal ie ne m'en mesle pas.
Le Page.
Il te faut d'un bouleau la branche fretillarde
Pour t'apprendre vne dance autre que la gaillarde.

TRAGICOMEDIE.

ACTE CINQVIESME.

SCENE. I.

La Rvine, & la Desbavche, Soldats de Sidon.

La Ruine.

EN fin ie suis honteux de mon piteux estat,
C'est vn meschant mestier d'estre pauure Soldat,
Le seruice est pour nous, Messieurs les Capitaines
En ont la recompense aux despens de nos peines,
Et pour paroistre en mine ils nous rendent tous gueux,
Combien qu'aux bons effects nous paroissons plus qu'eux.
S'ils tombent quand & nous en disette importune,
Ou si d'vne desroutte ils craignent l'infortune,
Ces pennaches flottans, ces veaux d'or, ces mignons,
Pour estre plus au seur nous nomment compagnons :
Vous croiriez à leur dire, & mesme des plus chiches,

Qu'au sortir du combat ils nous feront tous ri-
ches,
Qu'en peres des soldats partageans le butin,
Nos piques nous seront des aulnes à satin:
Mais si tost qu'ils ont veu l'occasion passee,
La liberalité leur sort de la pensee:
Si nous sommes vainqueurs, l'honneur en est à
tous,
Mais le fruict du trauail n'en reuient point à
nous,
Le gain remonte aux chefs la risque estant finie,
Qui sur nostre pillage vsans de tyrannie,
La poule sans crier des bons hostes plumans
Ne nous laissent iouyr que des quatre elemens.
Si nous sommes battus chaqu'vn lesche sa
playe,
Et tel doit au barbier deux fois plus que sa paye,
Qui le soir de sa monstre à peine aura dequoy
Nourrir en sa personne vn seruiteur de Roy:
Iamais nostre bon temps n'arriue qu'en cachet-
tes,
Car nostre bien public sont des coups de fourchet-
tes:
De fatigues sans fin nous portons le fardeau,
A peine ayans le saoul de mauuais pain & d'eau:
Cependant ces Messieurs veulent que pour leur
plaire,
Nous ayons l'œil gaillard, l'armure tousiours claire,

TRAGICOMEDIE. 89

Defroüillans noſtre fer & dehors & dedans,
Cependant que le ieuſne enroüille tout nos dents.
　Il eſt vray que ſouuent nous faiſons la desbauche,
D'vn demy-tour à droitte, vn demy-tour à gauche,
Dançans par entre-las des branſles differents,
Pour ſerrer & doubler nos files & nos rangs,
Si bien qu'à regarder nos iambes ſans nos trongnes,
Vn paſſant nous prendroit pour vn balet d'yuron-
　　gnes;
Auſſi ſommes-nous ſaouls iuſqu'à nous en faſcher,
I'entends ſaouls de marcher, affamez de maſcher:
Car quant à l'appetit rarement il nous quitte,
Eſtant d'autant plus grand que la ſolde eſt petite.
Enfin lors qu'vn de nous en ſa poſte eſt campé,
S'il dort c'eſt d'eſtre las, non d'auoir trop ſouppé.
　C'eſt pourquoy ie reſouls, quoy qu'il en reüſſiſſe,
De buſquer ma fortune à quelque autre exercice,
Ie veux deuenir riche en quelque bon hazard,
Y deuſſé-je encourir le danger de la hard:
Ou ſur terre, ou dans l'air, que m'importe où ie meure,
Pourueu que la miſere auec moy ne demeure?
Auſſi ſont-ce badaux, & non pas beaux eſprits,
Qui ſont dans leurs deſſeins facilement ſurpris.
Qu'ainſi ne ſoit, le monde eſt plein de voleries,
Les larrecins couuerts tournent en railleries:
Ne vous en faſchez-pas, Meſſieurs, és enuirons,
Quand i'ay tout regardé ie voy bien des larrons.
Au fort, ie ne croy pas qu'vn bon tireur de laine,

Puisse auoir au gibet posture plus vilaine,
Que moy nud comme vn ver, aussi pauure qu'vn rat,
Et tousiours affamé comme vn maigre verrat.

La Desbauche.

Dieu te gard, camarade.

La Ruyne.

Eh ! Dieu te gard la Rose.

M'as-tu bien entendu ?

La Desbauche.

I'ay pour toy quelque chose,
Nous ne sommes que deux, tirons-nous à l'escart ;
Ie sçay bien vn bon coup, y veux-tu prendre part ?

La Ruyne.

Dequoy, mon cher amy ?

La Desbauche.

De dix sicles pour homme,
Et puis (apres l'exploit) de bien plus grande somme.

La Ruyne.

Ha ! bon, que faut-il faire ?

La Desbauche.

Vn seruice au païs.
Tu sçais que de long-temps nous sommes esbahis
De voir qu'en liberté le glorieux Leonte
Nous morgue par la rue.

La Ruyne.

Est-ce pas vne honte ?
A quoy pense le Roy ? i'ay peur qu'il soit en fin
Trompé d'vn ennemy si puissant & si fin ;
Nous n'auons porte icy, casematte, auenuës,
Que d'vn œil attentif il n'ait bien recognuës,
Voire iusqu'au secret de tous nos magasins,
Ce qu'on ne souffre pas à nos meilleurs voisins.

TRAGICOMEDIE.
La Desbauche.
Or bien, l'occasion se presente certaine,
De l'enuoyer là-bas sans risque & sans grand peine.
La Ruyne.
Sans risque? & le moyen?
La Desbauche.
La nuict nous cachera,
sçaches que son malheur luy-mesme cherchera,
Car il a rendez-vous iustement à cette heure,
Pour entrer en vn lieu prochain de ma demeure,
D'où quand il sera saoul de l'amoureux desduict,
Il sortira tout seul sans lumiere & sans bruit.
Là, si nous l'attrappons, le mary de la Dame,
Resolu de venger cest adultere infame,
Fort opulent qu'il est, nous ouure ses tresors,
Auec vn bon vaisseau qui nous mettra dehors.
La Ruyne.
D'où te vient vn secret de si grande importance?
La Desbauche.
I'en suis le seul autheur : par ma seule assistance
Le bon-homme cornard, qui Zorote est nommé,
A descouuert le fait & ce dessein tramé :
Pour ne perdre le temps i'abregeray le conte ;
Vn certain escalier qui vers ma chambre monte,
Prend iour d'vn beau parterre, où le Prince de Tyr
Du fonds de son logis peut entrer & sortir ;
De là, donc par hazard, prochain sans estre en veuë,
I'ay fort bien entendu la lettre qu'il a leuë,
Qu'vn sien page gaillard luy venoit de bailler ;

(*Page qu'il auoit fait en fillette habiller*)
Dont, & de leurs deuis prononcez à voix claire,
Ie me suis fait sçauant de tout ce beau mystere,
Et ne l'ay pas si tost descouuert au ialoux,
Qu'il à soudain conclu sa vengeance par nous.
La Ruyne.
Quel nombre veux-tu prendre, & qui sera des nostres?
La Desbauche.
Nous serons assez forts, ne t'enquiers pas des autres,
Prens ta bonne estocquade, vn masque sur le nez,
Tu toucheras monnoye auant les coups donnez.

SCENE II.

THARSIDE. TIMADON.

Tharside.

Laissons, mon cher amy, ce beau Prince à son aise,
Pour aller, comme luy, ralentir nostre braise:
L'heure de son retour ne vous sçauroit tromper,
Vous orrez de chez-moy les horloges frapper.
Timadon.
Mais comment as-tu fait? conte le-moy ma belle,
Comment l'Eunuque est-il sorti de sentinelle?
Tharside.
Vne dragme d'argent nous en a fait raison,
Dont, en vn cabaret voisin de la maison,

TRAGICOMEDIE.

Il s'en est allé prendre vn lauement de pance,
Tandis que seure garde en sa place il me pense,
Le vilain reuenu dort sur le sueil de l'huis.

Tantost par la fenestre vn cordage de puis
Seruira de retraitte à ton grand Capitaine:
Bref, tout va bien, mon fils, ne t'en mets pas en peine.

SCENE III.

ZOROTE

Qv'on me plante à mon sceu des cornes sur le front?
Et que sans m'esmouuoir ie souffre vn tel affrôt?
Qu'vne trouppe de gens à ma suitte accouruë,
Marquent auec deux doigts ma teste par la ruë?
Que mes propres voisins de brocards ambigus
Facent rougir ma iouë en parlant des cocus?
Qu'à tous festins de ville vn chacun me diffame?
Que pour vn estranger ie nourrisse vne femme?
Qu'incertain des enfans engendrez en mon lict
Ie les aye en horreur, bien que nets du delict?
O que ie suis trop fier, & que i'ay tout mon âge
Passé (chacun le sçait) auec trop de courage!

Tu deuois t'adresser, Leonte, à des niais,
Poltrons, ou gens de peu, moy ie suis trop mauuais:
Et proteste Iunon, de tels torts coustumiere,
Que ceste douce nuict te sera la derniere;

Ou si mes estaffiers faillent à leur dessein,
Moy-mesme d'vn poignard te perceray le sein:
Deussé-ie de plein iour, aydé du parentage,
Sur le pas de mon huis te prendre à l'auantage.

  Toutesfois le meilleur sera de me celer,
Et nul de mes amis ny parents appeller;
Car nos propres soucis, le soin d'autruy precedent:
Les vns veillēt eux-mesme aux femmes qu'ils possedēt,
(Animaux plus fascheux que chéures à garder)
Et ceux qui n'en ont point m'aymeroient mieux ayder
A labourer mon champ, m'y prestans leur semence,
Qu'à sarcler vn chardon qui de naistre y commence.
I'ay donc tout mon refuge à mes deniers contans,
Moyennant ceste drogue on fait tout en ce temps;
Qu'ainsi ne soit, desia i'ay dressé l'embuscade,
De six coupe-jarrets, allongeurs d'estocquade,
Qui ne pourront faillir d'attrapper au sortir,
Sous l'aisle de la nuict, ce beau mignon de Tyr:
Lors qui deuinera, qui pourra faire preuue,
(Si mort en pleine ruë à telle heure on le treuue)
Quels seront les autheurs d'vn meurtre si tost fait?
D'où pourront prouenir sa cause & son effect?
Pour moy ie suis bien seur, sans crainte qu'on m'impute
Ce dessein bien hardy qui pour moy s'execute,
Estant (comme ie suis) sorty de la Cité,
D'vn suject specieux à ce faire incité,
Feignant de visiter en ceste mienne ferme
La ruine d'vn mur qui mon parterre enferme,

TRAGICOMEDIE.

Le Cerf est rembusché, les relais bien posez
Font la prise facile à mes veneurs rusez :
Leonte, c'en est fait, tout Prince que vous estes,
Vous seruirez d'exemple aux riblears deshonnestes,
Nous trouuerons apres quelque autre nouueau coup,
Pour despescher sans bruit la louue apres le loup.

SCENE IV.

LEONTE. LaRVYNE. La DESBAHCVE.

Leonte.

Gentils globes de feu, brillants à mille pointes,
Qui d'aspects esloignez & d'influences iointes,
Enclinez puissamment nos esprits & nos corps
Aux premiers mouuemens qu'ils poussent en dehors :
Chers ioyaux, dont la nuict pare son voile sombre
D'vn meslange subtil de lumiere dans l'ombre :
Beaux caracteres d'or, où les doctes esprits
Trouuent tous nos destins lisiblement escrits ;
Bluëttes du Soleil, que i'ayme vostre flâme,
Puis qu'elle a tel rapport à celle de mon ame !
Vous paroissez de nuict, & vous cachez de iour,
(Mais tousiours sans repos) ainsi fait mon amour :
Vous estes tous ardents, & n'eschauffez personne,
Ainsi brusle mon cœur en mon corps qui frissonne :

Vous estes à souhait au comble de tous biens,
Moy, ie suis paruenu iusqu'au comble des miens.

La Ruyne.
C'est luy-mesme, auançons, que chaqu'vn s'éuertuë.

Leonte.
Quelles gens sont-ce-là ? qui va-là ? ### La Ruyne.
Charge, tuë.

Leonte.
O Dieux ! vn traistre coup m'a trauersé le flanc :
Cà, çà, pendarts, à moy, que ie vende mon sang :
Canaille, vous fuyez. ### La Ruyne.
Ha ! las ! ie perds la vie.

La Desbauche.
Monsieur, pardonnez-moy. ### Leonte.
Ie n'en ay nulle enuie.

La Desbauche.
A l'ayde, ie suis mort. ### Leonte.
En voila deux à bas,
Pour attraper le reste il faut doubler le pas.

SCENE

SCENE. V.
TIMADON. LEONTE.
Timadon.

D'Où procede ce bruit? ie n'y puis rien connestre.
Leonte.
A moy, mō Timadon. *Tim.* Estes-vous-là, mō Maistre?
A la force, aux voleurs, bourgeois, accourez tous,
On assassine un Prince, & le souffrirez-vous?
Leonte.
Les plus mauuais sont morts, que le reste s'enfuye:
Mon Timadon, vien viste, il faut que ie m'appuye.
Timadon.
Que feray-ie? ô bons Dieux!   Leonte.
As-tu faute de cœur?
Moy ie meurs volontiers puis que ie suis vainqueur.
Entrons dans ce logis. *Tima.* Nul espoir ne me reste!
Leonte.
Page, va dire au Roy mon accident funeste.

SCENE VI.
Le Preuost. Archers. Soldat assassin.

Le Preuost.

O Desordre d'Estat! thresors mal employez!
Vous changez en voleurs des soldats mal-payez.

G

Archers.
En voila deux contens, bien payez de leurs gages.
Le Preuost.
Voyons, esclairez-moy, ie cognoy ces visages,
Mais ils ne diront pas où sont leurs compagnons.
Archers.
Monsieur, en voicy l'vn que nous vous amenons.
Preuost.
Ha! galand, ie vous tiens, desia ie vous remarque.
Soldat.
Auise bien, Preuost, où ma prise t'embarque,
Vn soldat tel que moy n'est pas de ton gibier.
Archers.
Vous estes des pigeons de nostre coulombier.
Soldat.
Chien courant de bourreau, ta curée est mal preste.
Archers.
Si croy-je auoir en toy bien employé ma queste.
Preuost.
Venez-çà, mon amy. (Sold.) Cerchez d'autres amis
Preuost.
Ie pensoy qu'à chaqu'vn ce doux nom fust permis;
Dites-moy donc comment d'ordinaire on vous nomme
Soldat.
Quelque fat le diroit, ie ne suis pas vostre homme.
Preuost.
Bien, passe, mais au moins vous direz, s'il vous plaist
D'où vient la promenade à telle heure qu'il est.

Soldat.
Qu'importe d'où ie vienne? en auez-vous affaire?
Preuost.
Tout doux, ce que i'en dis n'est pas pour vous desplaire:
Si voudroy-je sçauoir où vous estiez alors
Qu'il s'est fait vn grand bruit à l'entour de ces corps?
Soldat.
Du bruit? ce n'est pas moy, vostre oreille est trompée.
Archers.
Pourquoy fuiez-vous donc?
Soldat.
Si i'eusse eu mon espée
Toy-mesme eusses fiii.
Preuost.
Vous faites le fendant,
Nous en dirons deux mots, cheminons cependant.

SCENE VII.

ABDOLOMIN. BALORTE. VN SOLDAT.

Abdolomin.

IE me leue en sursault, helas! puis-je suruiure
A ce dernier effort que mon malheur me liure?
Mais est-il vray, Balorte? allez & le voyez.
Balorte.
De six du corps de garde à la haste enuoyez
Aucun n'est reuenu, mais au dire du Page,
Son maistre n'a de soy que tout mauuais presage.

G ij

Abdolomin.
Quel est son plus grand coup ? Bal. Il entre par le flanc,
Mais il monte plus haut, car il crache le sang.
Soldat.
Sire, Leonte est mort. Abd. Ah! que l'on me soustienne.
Balorte.
Forcez-vous, mon bon Roy, que ce cœur vous reuienne,
Secouru tant de fois par sa seule vertu,
Battu de la fortune & iamais abbattu.
Abdolomin.
A la fin tant d'assauts m'obligent à me rendre.
Balorte.
Mais sans vn bon traitté ne vous laissez pas prendre.
Abdolomin.
Quel traitté puis-je auoir de si forts ennemis ?
Balorte.
La vie & l'honneur saufs, tout le reste sousmis.
Abdolomin.
La vie en vn vieillard ne vaut pas sa recousse,
Et l'honneur ne craint pas qu'vn voleur le destrousse.
Balorte.
Vn seul iour de la vie est en vn Potentat
Plus cher que n'est vn siecle au commun de l'estat.
Abdolomin.
Conte-nous ceste mort. Soldat. Sire, en sa deffaillance
Ses paroles n'ont point desmenty sa vaillance :
Il estoit sur vn lict, sa mortelle douleur
Marquoit son Escuyer d'vne mesme couleur,

TRAGICOMEDIE.

Horsmis que le blessé faisoit bien sa harangue,
Et l'autre auoit perdu l'vsage de la langue :
Mon Timadon, dict-il, ne sois point si dolent,
Voy que moy-mesme seul ie me vay consolant :
Enten ces derniers mots qu'à peine ie profere,
Va porter prudemment mes adieux à mon pere ;
Dy-luy que du trespas l'immuable decret
A mon esprit content ne laisse aucun regret,
Sinon le seul penser de sa plainte future :
Mais, helas ! qu'il supplée à ma triste auanture,
Ne pouuant esperer que ie luy sois rendu,
Qu'il ne se perde point apres m'auoir perdu,
Quand il ne voudroit pas viure pour sa patrie,
Qu'il viue pour le moins parce que ie l'en prie.
Lors en tournant les yeux auec vn grand souspir,
On a veu peu à peu ses membres s'assoupir.

Abdol. O comble douloureux de mes longues miseres !
Lamentable renfort de mes peines ameres !
O ieune homme imprudent ! Prince inconsideré,
Quel orage public tu nous as attiré !
Ah ! le pauure Belcar ! i'ay peur qu'il en patisse.

Balorte. Auec quelle raison, ni couleur de iustice ?

Abdol. Vn Roy dont la iustice est iointe aux interests,
De son simple vouloir colore ses arrests.

Balorte.
Cest acte à tout le monde offenseroit l'oreille.

Abdolomin.
Cest acte à son aduis me rendroit la pareille.

G iij

Balorte.
Il ayme trop l'honneur pour en vser ainsi.
Abdolomin.
Pour absoudre mon fils il le hait trop aussi.
Balorte.
On ne peut contre luy nul pretexte produire.
Abdolomin.
Le pretexte ne manque à qui tasche de nuire.
Balorte.
L'vniuers est tesmoin de vostre integrité.
Abdolomin.
Le iuste perit bien sans l'auoir merité.
Balorte.
Le Ciel tient le courroux des Monarques en bride.
Abdolomin.
Les tyrans vont tousiours où le courroux les guide.
 Donc, ô Dieu souuerain, modelle des bons Rois,
Qui ne t'informes point seulement par la voix ;
Mais qui plus mille fois clair-voyant que Lyncée,
Penetres les cachots de l'humaine pensée!
O Iuge sans appel, examinant les faits
Des grands & des petits, des bons & des mauuais :
Si depuis mon printemps i'ay choisi mon entrée
Au vray temple d'Honneur par la porte d'Astrée :
Si i'ay si bien vescu, que iamais ma candeur
N'a quitté tant soit-peu mon progrez de grandeur :
Si i'ay le cœur sans fiel, & si la connoitise
Ne me soüilla iamais d'vn acte de feintise;

TRAGICOMEDIE.

O liberal donneur, donne-moy de ce pas,
Pour loyer de mes ans, le repos du trespas ;
Ie ne demande rien, que mesme la Nature
Ne concede vne fois à toute creature.
 Ou si par coüardise, & par desloyauté
I'ay dressé contre luy ce tour de cruauté,
Si t'auoy rien preueu de sa perte soudaine,
Voire si ie n'en souffre vne incroyable peine,
Et si ie ne voudroy sous l'Erebe enfermé
Prendre son lieu fatal pour le rendre animé ;
Ie veux, non que ton bras d'vne flâme trenchante
Escarte en mille esclats ma carcasse meschante ;
Le supplice en seroit & trop noble & trop court :
Mais que le grand portail de l'infernale court
M'engloutisse viuant : là les torches bruslantes,
Les viperes, les fouëts, les ondes reculantes,
Les vaultours, les rochers, & le tour d'Ixion,
Soient employez ensemble à ma punition :
Ou (puis que voir le iour est mon plus grand martyre)
Que ie sois pour iamais priué de mon empire,
Vagabond, fugitif, de chaqu'vn detesté,
Exemple de malheur, miroir de pauureté :
Qu'aux miens ie face peur, mes ennemis en rient,
Que tous les elemens leurs douceurs me dénient :
Que l'air m'oste son soufle, & le feu sa splendeur,
L'eau son humidité, la terre sa verdeur ;
Que souffrant sans mourir mille morts en vne heure,
Ie viue à tous ennuis, à tous plaisirs ie meure.

Balorte.

Sire, esperez-en mieux ; nous auons tout loisir,
Quand le desastre vient, d'en auoir desplaisir.
Si par preuention nostre ame apprehensiue
Ressentoit le malheur auant qu'il nous arriue,
Nous serions sans repos, & tousiours en suspens,
Nous verrions mille maulx pres de nous se campans :
Nos plus beaux iours troublez de ceste cognoissance,
Romproient de nos plaisirs la douce iouissance.
Mais ceux que la sagesse a rendus forts & durs,
Selon leurs maux passez mesprisent les futurs,
Et mesme (qui plus est) leur sentiment s'exente,
Tant que faire se peut, de la douleur presente,
Et trouuent en effect, que l'amer & le doux
De tous nos accidens despend quasi de nous.

FIN DE LA PREMIERE IOVRNE'E.

TYR ET SIDON,
TRAGICOMEDIE.
SECONDE IOVRNE'E.

Où sont representez les diuers empeschemens & l'heureux succez des amours de Belcar & Meliane.

PERSONNAGES DE LA SECONDE IOVRNE'E.

Cassandre, fille aisnee du Roy de Tyr.
Belcar, fils du Roy de Sidon.
Meliane, sœur de Cassandre.
Almodice, nourrice de Cassandre.
Araxe, Capitaine Sidonien.
Soldats de Sidon.
Zorote, vieillard Sidonien.
Pharnabaze, Roy de Tyr.
Phvlter, Capitaine Tyrien.
Timadon, Escuyer de deffunct Leonte.
Thamys, Capitaine de la tour de Tyr.
Abdolomin, Roy de Sidon.
Balorte, Ambassadeur Sidonien.
Soldats de Tyr.
L'Admiral de Tyr.
Deux Pescheurs de Tyr.
Les Iuges de Tyr.
Vn Archer Tyrien.
Messager Tyrien.

TYR ET SIDON,
TRAGICOMEDIE.
SECONDE IOVRNE'E.

Où sont representez les diuers empeschemens & l'heureux succez des amours de Belcar & Meliane.

ACTE PREMIER.
SCENE I.
CASSANDRE.

Le plus inhumain de la race diuine,
Vray fils de Tisiphone, adopté de Cyprine,
Ennemy capital de toute liberté,
Tyran du iugement & de la volonté;
Petit enfant de corps, vieux routier de malices,
Auare de presens, prodigue de supplices,
Iusques à quand, Amour, au fonds de tes enfers
Sentiray-ie tes feux, tes gesnes & tes fers?

Pourquoy repousses-tu mes prieres plus sainctes?
Es-tu, comme sans yeux sans oreilles aux plaintes?
Si les Dieux sont clemens & tendres au pardon,
Tu n'es pas vn vray Dieu, rigoureux Cupidon.

 Depuis que par mes yeux vn esclair de ton foudre
Mit en braise mon cœur, mes chastes vœux en poudre,
Et qu'en ton feu gregeois, qui s'accroist dans les eaux,
Mes larmes ont serui de cire à tes flambeaux;
Comment a peu mon ame endurer ceste guerre?
Comment trainé-je encor mes membres sur la terre?
Et comment s'est-il fait qu'vn tel torrent de pleurs
D'vn cours continuel n'ait tary mes humeurs?
Qu'vn brazier tant couué ne m'ait reduite en cendre?
Que parmi tant de morts la mort ne m'ait sceu prendre?

 Fut-il iamais au monde vne fille de Roy,
En qui le sort parust plus muable qu'en moy?
Moy de qui les beaux yeux eschauffoiët de leurs flames
Les lieux plus esloignez & les plus froides ames,
Sont ternis tout à coup, & cierges retournez
Sont au lieu de rayons, de pleurs enuironnez:
Moy qui des plus francs cœurs maistresse recogneuë
Me trouue d'vn captif esclaue deuenuë:
D'vn thresor où l'Amour assembloit ses attraits,
Vne butte ordinaire où se plantent ses traits.

 Helas! que direz-vous, ô beaux & ieunes Princes,
Des plus grands que l'Asie esleue en ses Prouinces,
Qui par deuoir exacte à ma beauté rendu,
Par fidele seruice & par sang espandu,

TRAGICOMEDIE. 109

Et par tous les tourmens de l'amoureuse rage,
(Qu'auiourd'huy ie ressens, las! trop à mon dommage)
A la fin de vos maux n'en auez remporté
Qu'vn refrongné refus confit en cruauté,
Que direz-vous de moy ? le feu qui me consomme
Prouient d'vn caillou froid qui ne tient rien de l'hôme.
La vengeance du Ciel surmonte mes rigueurs,
Car mesme elle deffend la plainte à mes langueurs.
» C'est souffrir doublement que souffrir en cachettes,
» Ce sont larmes de sang que les larmes secretes.

 Lors que mon cœur poussé de mouuemens soudains
Prepare des discours pour fleschir ses desdains,
Ie tremble, ie rougis, ma liberté s'ennole,
Ma langue à mon palais immobile se cole:
Las! si voit-il mon mal; ma mine seulement
Ne l'expose que trop à son beau iugement:
Mais, inhumain qu'il est, aueugle volontaire,
Il ne veut pas me voir d'vn regard salutaire.

 Il est d'autres chainons de long-temps detenu,
Mon œil est (ie le sçay) d'vn autre œil preuenu,
Ma sœur, ma sœur me nuit, & moins que moy craintiue
D'vn lien mutuel doucement le captiue:
Creue-cœur nompareil! celle qui me deuroit
Ceder en toute chose, anticipe mon droit!
Ha! fille sans respect, à me perdre obstinée,
Oses-tu supplanter ta mal-heureuse aisnee?
Ouy, ie n'en doute plus, il seroit esbranlé
Par le premier souspir de mon sein desolé,

Eust-il le sein rempli d'vne roche glacee
Si tes attraits larrons ne m'auoient deuancee.
  Mais deussé-ie, appellant tout secours le plus promt,
Arracher de son throsne Hecate au triple front,
Y deussé-ie employer, de rage desbordée,
Les gobelets de Circe & les arts de Medée,
Deussé-ie descendante aux antres de la Mort,
Coniurer les Fureurs, le mesdisant discord,
L'enuie au teint plombé, la noire jalousie,
Le soupçon mesfiant, la forte phrenaisie,
Et tout ce que d'affreux l'enfer conceut iamais,
Ie vous feray la guerre en me donnant la paix :
(Qui veut bastir au seur, il ne faut pas qu'il ente
Le nouueau sur le vieil, mais que tout il desplante
Le dessein precedent pour y fonder le sien ;)
Et quand tous ces efforts ne m'aideroient à rien,
Plustost par vn poison ie me verray vengée
Qu'estre tousiours plaignante & iamais soulagée.
  Tout-beau, folle Cassandre, à quoy te resous-tu?
Comment s'est auiourd'huy ceste rare vertu,
Ce naturel accort, ceste douceur aymee,
En vice, en cruautez, en horreurs transformee?
Remets, remets ton sens en sa propre maison,
Escarte les vapeurs qui brouïllent ta raison,
Et pour de Meliane vn sain iugement rendre,
Mets l'interest à part que tu dois y pretendre :
Cyprine par ses loix a permis de saisir
(A qui premier le peut) l'obiet de son desir,

TRAGICOMEDIE.

Sans esgard d'aucuns temps, de personne ou de place:
Partant si de ta sœur la ieunesse & la grace
Ont donné dans la veuë au Prince de Sidon,
Dois-tu par vn dépit, flottant à l'abandon
Du vent passionné d'vne iniuste querelle,
Machiner vn effect si funeste contr'elle?
Non, meurs plustost, pauurette, en imputant ta mort
A la malignité des astres & du Sort,
Qu'à ce traistre complot pour guairir condescendre,
Digne d'vne Progné, non pas d'vne Cassandre.

Outre ces creue-cœurs, vn presage nouueau,
Vn songe ceste nuit m'a brouillé le cerueau.
Desia les roussins noirs qui trainent la charrette
De l'ennuyeuse nuit esperoient leur retraitte,
Et sentant de leur train les trois quarts mesurez
Couroient à chef baissé droit aux flots desirez:
Desia la fraische main du vigilant Phosphore
Commençoit à blanchir le portail de l'Aurore;
Mon front estoit à sec, mes yeux estans marris
De manquer d'exercice en leurs ruisseaux taris,
Comme par nonchalance & faute de lumiere
S'estoient laissez coller l'vne & l'autre paupiere,
Non pas d'vn vray dormir, doux frere d'Atropos,
(Car mon tourment n'est point compatible au repos)
Mais d'vn leger sommeil interrompu de masques,
De spectres, de frayeurs, & de songes fantasques.

Estans, me sembloit-il, loin du bruit soucieux,
Sises dessous vn aulne en vn pré spacieux,

Seules ma sœur & moy nous cueillions des fleurettes,
Chantans à qui mieux mieux quelques airs d'amou-
Vn cerf à l'impourueu d'vn pas gayement doux (rettes:
Sortant d'vn bois prochain s'est auancé vers nous:
Sa rameure estoit d'or, d'or la forte chaussure
Qui de ses pieds legers marquoit l'assiette seure,
Son col hault & poli, son front large & longuet,
Sur qui deux yeux hagards sembloient faire le guet:
Son poil estoit plus blanc que les flocquets de laine
Qui tombent en Ianuier des nuaux sur la plaine,
Ses membres bien replets, bref il estoit si beau
Que la Reyne des bois à l'argenté flambeau
Pour ses chastes esbats en seroit idolâtre:
Il aborde sans crainte & d'vn geste folâtre
Fait caresse à ma sœur, d'vn muffle incarnatin
Baisant ses mains, ses yeux, sa bouche, & son tetin,
Puis va, tourne, reuient, sautelle d'alaigresse,
Comme vn chien qui se iouë aux pieds de sa Maistresse:
Elle aussi le mignarde auec des ris flatteurs,
Ornant ses andoüilliers de ioyaux & de fleurs:
I'en vouloy faire autant, il recule farouche,
La seule Meliane en priuauté le touche,
A mes plus doux appas sa rigueur ne fleschit,
Quand ie veux l'approcher il s'esquiue & gauchit.
Ie conceu lors despite vne humeur enuieuse,
Qui me rendoit desia ma germaine odieuse,
Quand ie voy l'animal apres ces ieux mignards
L'accrocher par le bust à l'or de ses brancards,

La

TRAGICOMEDIE. 113

La leuer eminente aux pointes de sa teste,
Puis recourir au bois, ioyeux de sa conqueste;
I'y cours, & luy s'enfuit, mais talonné de pres,
Peureux il lasche prise & me quitte son faix:
Ie poursuy nonobstant apres telle rescousse;
Le desir de vengeance & d'honneur qui me pousse,
Me rend les pieds dispos & les membres legers.
Apres auoir long-temps sans crainte des dangers
Broßé parmy les forts & les ronces poignantes,
Par vallons raboteux, par cauernes sonnantes,
(Chose effroyable à voir) son chef deuint tout rond,
Il perdit a l'instant les armes de son front,
Son poitrail s'espaißit de longue cheuelûre,
La iambe s'accourcit, l'oreille & l'encollûre,
Son poil deuint tout roux & ses deux yeux ardans,
Sa maschoire s'arma de grands rochers de dents,
Vn tissu d'os nerueux qui luy sort de l'eschine,
En luy battant les flancs l'eschauffe & le mutine :
Ses pieds vindrent griffus, larges à l'auenant:
Bref ce fut vn lion, qui vers moy se tournant
Desia d'vn sault agil me tenoit attrapee;
De si soudaine peur ma pauure ame frappee
Fit bondir en sursaut vn inutil réueil,
Qui n'osta point le songe en ostant le sommeil.
Dieux! si c'est mon trespas que Morphé me presage,
C'est ma felicité plustost que mon dommage.
,, Le choix du moindre mal c'est l'heur du mal-heureux:
,, Il vaut mieux n'estre point que d'estre langoureux.

H

SCENE. II.

BELCAR.

SI iamais vn amant tout content de sa Dame,
Eust sujet de benir & l'Amour & sa flame,
Ie suis celuy qui dois selon mes premiers vœux
Honorer son Autel d'vn present de cent bœufs :
Ce digne enfant de Mars, qui n'est iamais seuere
A ceux qui leurs beaux ans consacrent à son pere,
Ame de l'vniuers, esprit qui rend épris
D'vn celeste desir des hommes les esprits,
Si fauorable aux siens que l'inconstante rouë
N'est iamais importune aux amants qu'il auouë,
Le plus adroit tireur, le plus ingenieux,
Le plus beau, le plus fort & le plus craint des Dieux.
    Amour qui bien-heurant le malheur de ma prise,
A guidé mes pensers à si haute entreprise,
A si braue dessein que l'oser seulement,
Me seroit trop d'honneur en tout euenement :
Il a d'vne beauté par delà tout exemple,
(L'obiet le plus parfait que le Soleil contemple)
Engraué dans mon sein, d'vn trait noble & doré,
Le celeste pourtrait au naturel tiré :
Et puis, pour me rauir d'vne douce merueille,
Il a piqué son cœur d'vne flesche pareille,

TRAGICOMEDIE.

Si qu'auiourd'huy ie puis, ô mortel trop heureux!
Me dire autant aymé que ie suis amoureux.
Il ne reste qu'vn point pour comble de ma gloire,
Il ne reste qu'vn fort pour fin de ma victoire,
Le formaliste Hymen contre moy le deffend:
Mais ie seray bien-tost plainement triomphant;
Car la sincere foy de ma belle Princesse
Fait que de ce costé toute crainte me cesse:
Puis, quelque dur traitté qu'on m'y vueille apporter,
I'iray la carte blanche au pere presenter:
La patience est douce & sans peine l'attente,
Alors que l'esperance est solide & constante.
Voicy ma Meliane, ah! quel essain d'attraits!
Elle ne me voit pas, Almodice est auprés;
De Megere à Cyprine estrange difference!
I'entendray de ce coing toute leur conference.

SCENE III.

MELIANE. ALMODICE. BELCAR.

Meliane.

Non non, ne craignez pas, ma mere, que mon feu
Des bornes de l'honneur s'égare tant soit peu,
I'ayme, mais sans hasard de voir abandonnee
La fleur de mon printemps qu'en faueur d'Hymenee.

TYR ET SIDON,
Almodice.

Ne vous offensez pas, Madame, si ie crains
Que ce ioyau si cher vous eschappe des mains :
Apres l'auoir lasché la repentance est vaine.
Or bien que vous n'ayez comme vostre germaine
Abouché mon tetin, ie vous ay toutesfois
Penduë à mon colet & mille & mille fois,
Dés que venant au iour vous parustes si belle ;
Pour cela ie vous ayme, & peut-estre plus qu'elle,
Pour cela ie suis libre, & de franche façon
Ie prens l'authorité de vous donner leçon.
Ie sçay que c'est de nous, & sçay que c'est des hommes,
Il nous en font acroire, ô sottes que nous sommes !
Qu'ils sont blessez à mort, comme en effect aussi
Aucuns par nos rigueurs tombent en grand soucy ;
Mais leur cupidité souuent est supprimée
Aussi legerement qu'elle fut allumée :
Comme le trop de bois estouffe vn petit feu,
S'il est mis à propos le grossit peu à peu ;
Ainsi de nos faueurs, dont ils bruslent d'enuie,
Trop esteint leur amour, peu l'entretient en vie :
Amour qui toutefois ne peut viure vn moment
S'il ne tire tousiours de ce doux aliment.
Mais comme vous voyez que dans la grande masse
D'vn antique Palais, vne seule creuasse
Croissante auec le temps le fait tendre au declin,
Fait bresche irreparable & le renuerse en fin ;
Par semblable progrez, leur brigue perilleuse

TRAGICOMEDIE.

Mine l'ame fragile & la chair chatoüilleuse,
Tant qu'ils nous facent choir.   **Meliane.**
                    Pour vn chaste baiser,
Ie ne le pourrois pas ny dois le refuser:
Cela ne gaste rien, c'est vn bien qui s'enuole,
Et l'ennuy languissant d'vne attente console.

Almodice.

C'est, Madame, c'est-là le soupçon qui me tient,
C'est où ie vous attends, ie sçay trop comme vient
Du baiser le toucher, du toucher autre chose.

Meliane.

Autre but qu'vn baiser Belcar ne se propose.

Almodice.

C'est vn essay friand qui fait croistre la faim.

Meliane.

Mais sa modeste humeur n'est-ce pas vn bon frein?

Almodice.

Comment s'abstiendroit-il, ne le pouuant vous mesme?

Meliane.

Pourroy-ie à moins de frais tesmoigner que ie l'ayme?

Almodice.

La fille plus que l'homme appette ce plaisir.

Meliane.

La fille mieux que l'homme appaise vn tel desir.

Almodice.

Tous deux sont maistrisez de naturelle rage.

Meliane.

Parlez-vous d'vne louue ou d'vne fille sage?

H iij

Almod.
Toutes sont d'une chair suiette à caution;
Moy-mesme decrepite ay ceste passion,
Et comment la ieunesse en seroit-elle exente?
Enfin la plus seuere & la plus suffisante
Consentiroit au mal, (la prenant sur le verd,)
Pourueu qu'elle crût bien qu'il demeurast couuert.
   Las! Madame, plustost se darde le tonnerre
Sur mes cheueux grisons & m'engouffre sous terre,
Qu'il auienne par moy quelque faute de vous:
Par moy, ie parle ainsi, car seule d'entre tous
I'ay receus & cachez vos secrets en fiance,
Esperant voir la paix naistre en vostre alliance,
Pour ce vous ay-ie aydez.   Meliane.
                    Quoy donc? pour l'auenir
Voulez-vous au besoin vos bien-faits retenir?
Me refuserez-vous, ô ma mere m'amie,
De conuier icy le soulas de ma vie?
Ie ne veux que le voir.   Almodice.
                    I'aurois perdu mes pas,
Puis que i'ay commencé, si ie n'acheuois pas:
Ie m'en vay le trouuer, mais gardez la barriere.

SCENE IV.

BELCAR. MELIANE.

Belcar.

Marche à ta mal-encontre, infernalle courriere.
Ma Reyne, Dieu vous gard.   Meliane.
          Mon Prince, que les Cieux
Secondent vos desseins tousiours de mieux en mieux.
Belcar.
Ah! ce n'est pas du Ciel, mais de vostre largesse,
Que i'attends mes plaisirs, ma gloire & ma richesse;
Pour estre bien-heureux, belle, vostre Belcar
Prefere vos faueurs aux douceurs du Nectar.
Meliane
Si mes faueurs auoient pour vous ceste puissance,
Tous vos souhaits seroient en vostre obeissance;
Iugez quelle faueur ie vous puis refuser,
Moy qui tiens à faueur de vous fauoriser.
Que demandez-vous plus? mon cher cœur ie vous aime,
Ie vous ayme sur tous, ie dis plus que moy-mesme.
Belcar.
Discours plus graçieux que l'obligeante voix
Dont Venus entretient les Graces quelquefois.
L'accord melodieux des bandes emplumees

H iiij

Qui dans le verd naissant des nouuelles ramees
Chantent l'epithalame & les amours diuers
De tout ce que Nature anime en l'Vniuers,
Ne se peut comparer à la douce parole,
Qui de ces lis du sein par ces œillets s'enuole.
Belles fleurs de bien dire à la source du rû,
Prestez à mon soucy vostre gay coloris
Comme vous contentez mon œil & mon oreille,
Permettez à ma bouche vne faueur pareille :
Souffrez qu'en vos odeurs, comme vne moûche à miel,
Ie succe l'Ambrosie & la Manne du Ciel,
Si nous ne respirons vous & moy qu'vne vie,
Qu'entre mille baisers nostre haleine s'allie.

Meliane.

Toubeau, mon cher amy, souuent ces doux appas
Nous attirent au mal que l'on ne préuoit pas :
Retranchons ce plaisir, quoy qu'il nous soit licite,
Craignant que plus auant nostre amour il n'incite.

Belcar.

Si ce refus, Madame, estoit de vostre crû
(Chose que sans mentir à peine i'eusse crû)
Ie le supporterois comme vn leger supplice
De ma temerité dont vous estes complice,
(Car ie meriterois d'estre plus mal traitté
Si ie n'auois pour moy vostre excés de bonté,)
Ie tiens telle faueur si loin de m'estre deuë
Que ie suis criminel de l'auoir pretenduë :
Ce rebut est donc iuste, & celle qui le fait.

TRAGICOMEDIE.

Mais sçachant quelle cause a produit cét effect,
Vne langue hypocrite, en qui ma foy trahie
N'eust fondé nul soupçon si ie ne l'eusse ouïe;
Quel homme ne seroit estimé trop souffrant
S'il ne se courrouçoit telle iniure s'offrant ?
Permettez, s'il vous plaist, Madame, que ie die
Que ie suis méfiant de quelque tragedie :
Le presage en soit faux, mais i'ay crainte qu'vn iour
Ce squelette viuant nous face vn mauuais tour.
On se deuroit seruir d'vne femme en tel âge,
Non pour vn chaste Hymen, mais pour maquerellage :
Car si le vice mesme auoit forme de chair,
En ceste affreuse vieille on le pourroit cercher :
Aussi (comme on le dict) le tissu de sa vie
Est tout d'ambition, d'auarice, & d'enuie.

Meliane.

Non, ne vous faschez point, ce qu'elle m'en a dict
A bien quelque raison, mais n'a pas grand credit,
Car mieux qu'elle ne croit à mes sens ie commande :
Or bien ie me soubmets selon vostre demande,
Faites la mienne aussi, mon cœur, appaisez-vous.

Belcar.

O baisers rauissans, non moins puissans que doux ?
Mars, si vous l'assailliez au plus chaud de la guerre,
Ietteroit sa colere & ses armes à terre ;
Vos charmes sont si forts qu'ils pourroient arrester
Vn trait demy-lasché du bras de Iupiter.

Meliane.

J'entens quelque rumeur, c'est ma sœur, ce me semble,
Elle rentre tout court vous ayant veus ensemble.

SCENE V.

CASSANDRE. ALMODICE.

Cassandre.

Doncques ce grãd soupçon, qui tousiours me gesnãt
Me balançoit en doute, est failly maintenant ;
I'ay veu (las ! i'ay trop veu) ceste maudite paire
Se flatter librement d'vne voix haulte & claire,
Et s'entre-mignarder de baisers amoureux :
Ha! que de mon murtyre ils triomphent heureux !
   Que feray-je, pauurette ? où prendray-je la voye
Qui par moins de douleur au Cocyte m'enuoye,
Sous l'ombrage muët des myrtes & cyprés,
Où des forçats d'Amour les eternels regrets
Ramentoiuent les coups de Fortune ennemie ?
Car pourrois-je encor viure auec ceste infamie,
Qu'à mes iustes desirs tout espoir soit osté
Par ma cadette en âge aussi bien qu'en beauté ?
   Qu'ay-je apperçeu, bons Dieux! vne fille sans crainte
Baiser son Adonis entre ses bras estrainte !
I'en rougis pour toy-mesme, ô louue sans pudeur !

TRAGICOMEDIE.

Et d'une telle audace admire la grandeur :
Quoy ? si ie voulois estre à vous nuire aussi pronte,
Comme de mes soucis vous faites peu de conte,
Ha ! que ie pourroy bien, mal-auisez amants,
Destruire vos desseins iusques aux fondemens,
En decelant au Roy (ce que ie deurois faire)
Vostre amour clandestine aux loix d'honneur cōtraire :
Mais folle, helas ! ie crains de perdre quant-&-toy
Mon ennemy que i'ayme autant & plus que moy,
Tant ie porte respect à celuy qui me tuë !
Car i'ouurirois mon flanc d'une lame pointuë,
Ie m'estraindrois le col d'un funeste cordeau,
Ie sauterois d'un roc en un abysme d'eau,
Plustost que de tramer au peril de sa vie
Ce laqs où le despit contre toy me conuie.
 O que l'on dit bien vray ! fortune vient ayder
Ceux qui sont sans vergongne aspres à demander,
Amour hait les couärds, la Reyne d'Amathonte
Ne despartit iamais ses faueurs à la honte :
Qui sçait si de ce pas mes larmes essuyant,
Rassemblant les rayons de mon œil attrayant,
Parant mon teint de lys & de roses meslées.
Auec tant de douceurs, qui iadis estallées
Captiuoient & forçoient par leurs appas vainqueurs,
Mesmes sans y penser, les plus farouches cœurs ;
Si, dy-je, m'accostant de l'objet qui m'enflame,
Ie luy faisois sentir les desirs de mon ame,
Mesme en le suppliant, il seroit si cruel

Que de me refuser vn plaisir mutuel?
Les amans d'auiourd'huy ne sont pas si fidelles
Qu'ils ne reçoiuent bien deux differentes belles,
„ L'homme en toute sa vie ayme le changement.
Ha! Cassandre, où es-tu? ce réuer seulement
Monstre ta fin prochaine: & quoy? sur vn peut-estre
Voudrois-tu bien trahir ton honneur, ton bon maistre?
„ L'homme cerche tousiours ce qu'il voit mal-aisé,
„ Le difficile accez rend vn chasteau prisé,
„ L'offre d'vn bien sans peine en fait perdre l'enuie.
Las! que feray-je donc? puis que toute ma vie
N'est plus qu'vne langueur sans espoir de guérir,
Pourquoy tout d'vn beau coup ne me fay-je mourir?
„ Le trespas le plus bref c'est le plus tolerable.
Chaste sœur d'Apollon, soyez-moy secourable.

Almodice.

Ceste fille s'afflige, & sans dire dequoy
Souuent pour lamenter se desrobe de moy.

Cassandre.

Que si iamais vous pleust quelque mien sacrifice,
Renforcez-moy le bras pour ce dernier office.

Almodice.

Quoy? mon cher nourrisson, d'où vous naist ce vouloir
De me celer le mal qui vous fait tant douloir,
Vous ayant tant de fois sur vos plaintes enquise?
Vous cachez-vous de moy qui vous suis tant acquise?
Qui vous cheris si fort, que pour vous contenter,
Rien de trop dur à moy ne se peut presenter?

TRAGICOMEDIE.

Moy de qui vous auez honnoré les mammelles,
Qui n'ay pas plus que vous conserué mes prunelles,
Ayant ce corps tendret esleué iusqu'icy,
Dés l'heure qu'Atropos le terme eust accourcy
Du support maternel, vous laissant orpheline?
Ne me direz-vous pas cét ennuy qui vous mine?
Qu'est-ce qui vous esteint tous les esclairs de l'œil?
Et qui vous fait deschoir comme neige au Soleil?
Qui défigure ainsi les graces plus naiues
Des traits de ce visage, & ses couleurs plus viues?
D'où vient de vous à moy le soupçon méfiant?
Ne respondez-vous point quand ie parle en priant?

Cassandre.

Las! quand ie l'auray dit quel soulas en auray-je?

Almodice.

Il n'est si grand ennuy qu'vn bon conseil n'allege.

Cassandre.

Le mien est sans remede.

Almodice.

Il n'est rien icy bas
Qu'on n'y puisse esquiuer si ce n'est au trespas;
Vn amy sert beaucoup, mesme la solitude
Est vn accroissement de toute inquietude:
Le feu brusle tant plus que plus il est celé,
Mais le mal descouuert est demy-consolé.

Cassandre.

Ie ne le cache point; ce qui me rend dolente
C'est mon frere enleué d'vne main violente:
C'estoit tout mon support, las! ne puis-je sçauoir

Le temps de son retour ? ie meurs de le reuoir.
Almodice.
O la belle desfaite ! ô que vous estes fine !
Ne le ni'rez-vous pas si le vray ie deuine ?
Madame, c'est l'Amour, & non pas l'amitié,
C'est ce petit garçon qui blessoit sans pitié
Les Dieux & les mortels attirez par vos charmes,
Qui retourne vers vous la pointe de ses armes :
N'ay-je pas bien attaint ? quelque beau Cauälier
A fait ce qu'auant luy n'auoient fait vn millier.
Et bien, celuy peut tout qui peut prendre courage,
Pour vous donner secours i'ay le sçauoir & l'âge ;
Seruez-vous donc de moy, souuent en vn tel fait
Le bon auis des vieux donne aux ieunes l'effect.
Mais si ne faut-il point qu'vne fille bien née
Soit par ses appetits sans bride gouuernée ;
Il faut bien recognoistre auant que bien aymer,
Et sçauoir de quel bois on se doit enflammer :
Ie ne cognoy point d'homme assez grand, assez braue,
Qui ne tienne à faueur de viure vostre esclaue,
N'abaissez point la teste où vous auez le pié.
Cassandre.
Las ! ma chere nourrice, ayez de moy pitié.
Almodice.
Il faut qu'vn rang d'honneur sur vos desirs commãde.
Cassandre.
I'ay fait eslection d'vne valeur si grande,
Qu'au lieu de m'accuser d'vn courage trop bas

TRAGICOMÉDIE.

Vous iugerez plustost que ie ne la vaux pas.
Que si par vn serment vous me rendez hardie,
Ie vous descouuriray toute ma maladie.

Almodice.

Par les traits enflammez que le Ciel se fendant
Fait fondre sur la terre en sifflant & grondant,
Par le riuage noir, par le Chien à trois testes,
Par les rages d'Enfer à nuire tousiours prestes,
Par le fer & le feu dont le Tartare est ceint,
Et si dans l'vniuers il est rien de plus craint,
Ie iure de tenir ma langue si fidelle
Qu'on n'exigera point vne trahison d'elle,
Et que pour vous placer au desiré bon-heur,
Ie veux mettre à mespris & la vie, & l'honneur.

Cassandre.

L'esprit tant admiré, la graue bien-disance,
La douce & franche humeur pleine de complaisance,
La valeur, la beauté, la royale façon
Du Prince prisonnier m'ont prise à l'hameçon.

Almodice.

Ha! que me dites-vous! m'en voila toute esmuë,
Vn grand estonnement dans mon sang se remuë!
Vous me surprenez-donc? que seroit deuenu
Ce ferme iugement par tant d'effects cognu?
Icy plus que iamais, petit bastard de Gnide,
Ie voy l'aueuglement où ta torche nous guide.

Cassandre.

N'est-il point assez beau pour se faire cherir?

Almodice.
Il ne l'est que par trop pour vous faire perir.
Cassandre.
Ouy si de me guérir il ne luy prend enuie.
Almodice.
Attendez-vous d'vn Si, l'arrest de vostre vie ?
Cassandre.
Qui le rendroit contraire à mon contentement ?
Almodice.
Qui vous rendoit iadis contraire à tout amant.
Cassandre.
Mais il est trop courtois pour estre inexorable.
Almodice.
Vostre amour est trop fol pour estre fauorable.
Cassandre.
Est-ce aymer follement que d'aymer son pareil?
Almodice.
C'est aymer follement que d'aymer sans conseil.
Cassandre.
Pour voir ce qui m'est bon n'ay-je pas assez d'âge?
Almodice.
Le pere doit tousiours guider la fille sage.
Cassandre.
Il doit auec raison souscrire à mon desir.
Almodice.
C'est à vous d'approuuer, mais à luy de choisir.
Cassandre.
La qualité du Prince est sortable à la mienne.

Almo-

TRAGICOMEDIE.

Almodice.
Vous estes de famille ennemie à la sienne.
Cassandre.
Ie voudrois lier Mars des nœuds de son enfant.
Almodice.
Le Roy ne veut la paix qu'en vainqueur triomphant.
Cassandre.
Las! i'ayme, qu'y feray-je?
Almodice.
Armez-vous de constance.
Cassandre.
Mon cœur est desia pris.
Almodice.
Pourquoy sans resistance?
Cassandre.
Amour est si puissant que son arc souuerain
Pourroit mesme enfoncer des murailles d'airain.
Almodice.
Amour n'est qu'vn enfant, de qui la main peu forte
Ne gourmande que ceux qui luy cedent la porte.
Cassandre.
Il a souuent esmeu par changemens diuers,
Celuy qui d'vn clin d'œil esmeut tout l'vniuers,
Le transformant en or distillant de la nuë,
Tantost en taureau blanc à la teste cornuë,
Puis en cygne, en belier, en mille autres façons:
Les Nymphes ne sont pas sous les roides glaçons

I

A couuert de ses feux ; sous les vagues profondes
Il blesse les Tritons & l'Empereur des ondes.
　　　En vain, nourrice, en vain vos conseils bien
　　donnez.
Combattent mes desirs trop fort enracinez,
Il me faut succomber ou franchir la carriere,
Le destroit ne permet de tourner en arriere,
Ie suis (tant me preuient ce premier mouuement)
Et sourde de l'oreille & de l'entendement,
La seule iouissance y peut donner remede,
Et c'est en cela seul que i'implore vostre ayde.
　　　　　　　Almodice.
Non le courroux du Roy qui viendroit m'accabler,
Non l'effect qui pourroit difficile sembler,
Mais vostre sainct honneur, dont ie seroy meurtriere,
M'empesche d'escouter ceste iniuste priere.
　　　　　　　Cassandre.
Mesprisez-vous desia la force du serment ?
　　　　　　　Almodice.
,, Faire & iurer le mal c'est pecher doublement.
　　　　　　　Cassandre.
Or sus, tant de raisons ont vaincu ma folie,
Le destin ne veut pas que mon Hymen allie
Deux sceptres ennemis, & ne sera point dict
Que sur ma chasteté l'amour ait eu credit.
Non, non, ie le despite, & sçay le seul azyle,
Qui me peut garentir de sa chaine seruile,
I'ay ce fer protecteur, qui brauant son pouuoir

TRAGICOMEDIE.

Retiendra mon honneur en son iuste deuoir.

Almodice.

Ha! que voy-je? bons Dieux! tout beau.

Cassandre   Laissez-moy faire.

Almodice.

Holà.

Cassandre.

Vous me faschez, pensez-vous m'en distraire?
Laschez-moy ce poignard.

Almodice.

     Vous me romprez les mains,
Ou ie vous l'osteray.

Cassandre.

    Quoy? que mes doigts contraints
Vous quittent ceste lame à mon sang destinée?
Ma resolution n'en est pas destournée;
Quand vous la briserez en cent luisants esclats,
Mon mortel desespoir ne s'en fléchira pas:
Tant de chemins glissants, tant de passages tendent
A l'Empire muët où les ombres descendent,
Que tout temps sans refus on y voit introduits
Tous humains desireux de vaincre leurs ennuis.

Almodice.

Ie n'eusse iamais creu que telle frenesie
Eust d'vn si bel esprit blessé la fantasie:
Las! Madame, viuez, i'ayme mieux offenser
Immortels & mortels que vos iours auancer;
Viuez, & deussions-nous nous lascher à tous crimes;

I ij

Car les pertes de biens, d'honneur, d'amis intimes
N'ont rien qui ne soit doux à l'egal de la mort,
Mort estrange sommeil qui sans réueil endort.
,, Ne desesperez point; vn courage inuincible
,, Rencontre en son effort toute chose possible:
Ou l'augure me trompe, ou bien-tost vous verrez
A l'abry du malheur vos desirs asseurez,
Laissez-m'en le soucy, mettez-vous à deliure,
Sur l'appuy de ma foy n'ayez soin que de viure.
   Releuez vos beautez par vn ris attrayant,
Rallumez les esclairs de vostre œil foudroyant,
Retournez à la Court, cependant que ie puise
Au fonds de mes pensers vn moyen qui nous duise.
Cassandre.
Trauaillez donc, ma mere, & ne presumez point
De vaincre par le temps la fureur qui me point.

ALMODICE seule.

Qui te peut amoindrir la charge mal-aisée,
Mais toute insuportable à ton dos imposée?
Malencontreuse vieille! eh! que sur ton sommet
D'horribles maudissons ton dessein te promet!
Quelle route prens-tu? d'vne ou d'autre partie,
Te voila de Charybde ou de Scylle engloutie.
   Combien de faux proiects, de mouuemens diuers,
Retournent coup sur coup mon esprit à l'enuers!
Que de flots & de vents d'vn inconstant orage

TRAGICOMEDIE. 133

Poussent mon iugement à deux pas du naufrage!
Bastiray-je un complot pitoyable & cruel
Pour frauder les plaisirs & l'amour mutuel,
Qui ioint auec Belcar nostre ieune Princesse?
Ils s'asseurent en moy, leur seray-je traistresse?
Mais las! mettray-je aussi Cassandre à nonchaloir?
Ma plante que tousiours i'ay fait croistre & valoir
Va secher à mon sceu, faut-il que ie l'endure?
Elle a receu ma foy. luy seray-je pariure?
Que fera Melinne en sa iuste douleur,
Si d'un si lasche tour ie trame son malheur?
Que dira son Belcar? sa passion constante
Ne souffrira iamais qu'un autre obiect le tente;
Et mesme auec quel front le pourray-je aborder?
Quels seront mes discours pour le persuader?
Apres auoir long-temps par mes propres messages
Du trafic de leurs cœurs asseuré les passages,
Leur rompre le chemin, quelle infidelité!
Mais voir mon nourrisson dans telle extremité
Se fondre toute en pleurs, voir sa fin toute proche,
La pouuant empescher, ô Dieux, quelle reproche!
Quoy qu'il puisse arriuer, i'oubliray tout deuoir
En faueur de ma fille, & de tout mon pouuoir
Tascheray d'appaiser le tourment qui l'afflige,
C'est où le naturel par contrainte m'oblige.
   Thresor d'experience en mon tymbre compris,
Rappelle ma memoire, assemble mes esprits:
O chef de mon conseil, ma caboche routiere,

I iij

C'est de toy que i'attens ma deliurance entiere:
Ne laisse en ton cerueau tendon, veine, ou recoin,
Qui ne s'esmeuue icy pour seruir au besoin,
Monstre que ta toison n'est pas ainsi chenuë
Sans beaucoup de finesse apprise & retenuë.
 Or donc si ie faisoy, mais non, toutesfois si,
Cela n'iroit pas bien, seroit-il mieux ainsi?
Le danger en est grand, faisons donc d'autre sorte,
A mon premier auis la raison me remporte:
Il est bon, c'en est fait, il y faut trauailler,
Ie vay tout maintenant ce Prince conseiller
Auec tant d'artifice & de raisons plausibles,
Qu'il aydera luy-mesme à mes complots nuisibles.

TRAGICOMEDIE. 135

ACTE SECOND.

SCENE I.

ARAXE Capitaine Sidonien. Soldats.

Araxe.

Allez, suiuez de pres ce traistre, mes amis,
Qui tous en general en trouble nous a mis,
Ayant par assassins, contre la foy publique,
Leonte massacré pour sa femme impudique,
Nous exposant, helas! en hazard apparent
De voir par represaille accabler son garend,
Nostre maistre Belcar, nostre vnique esperance,
Pensant le faux renard se mettre en asseurance.
Dés le vespre d'hier nous le vismes sortir
Pour coucher en sa ferme au grand chemin de Tyr.
Courez, il n'est pas loin; sur la grande chaussée
Le doute de son fait entretient sa pensée.
Vn de ses espions que nous auons surpris
M'a descouuert sa ruse & son sejour appris,
Auant que les meurtriers qu'à la croix on attache,

I iiij

L'eussent voulu noter de criminelle tache:
Marchez, efforcez-vous; quiconque le prendra,
Deux talents asseurez de salaire il tiendra.

Soldats.

Allons, ie le cognoy, i'ay remarqué la sorte
Dont il estoit vestu passant à ceste porte.

SCENE II.

ZOROTE. Soldats.

Zorote.

Que doy-je deuenir? ie suis en pauure estat,
I'ay peur qu'vn repentir suiura mon attentat;
Mon marauld de valet fait bien longue demeure,
Il n'auoit de chemin que pour le cours d'vne heure,
Et ie voy toutesfois que depuis son depart
Mon ombre s'accourcit de plus d'vn demy quart.
Ie me lasse d'attendre & me trouue en grand peine,
Ie crains d'estre pipé par mes tireurs de laine:
Car i'ay mis mon argent sur la foy d'vn soldat,
Sans pleige ni tesmoin de nostre concordat.

Combien le iugement se dissipe & se change
En vn pauure ialoux quand le front luy demange!
Auant ce mal de teste on m'eust eu beau prescher
Pour me faire sans gage vne obole lascher.

TRAGICOMEDIE.

Mal-heureux que ie suis ! que sçay-ie si ce drolle,
Au lieu de bien ioüer son difficile roole,
A (comme fit iadis vn barbier à Midas)
Découuert mon fourchon que l'on ne voyoit pas,
Prenant du Tyrien des plus certaines offres
Que celle qui leur est dangereuse en mes coffres ?
Dieux que ferois-ie alors ? ie quitteroy Sidon,
Et mettroy sur les flots ma vie à l'abandon.
Car ie n'estime pas qu'vn homme de courage
Puisse estre possedé de plus poignante rage,
Qu'alors que dans son nid il sçait qu'on a ponnu,
Et qu'il voit du public son diffame connu.

Soldats.

Courage, compagnons, sans doute c'est nostre homme,
Iamais aucun butin de si notable somme
Ne nous est arriué, nous aurons tous de quoy
Nous donner du bon temps, plus aises que le Roy.

SCENE III.

Zorote. Soldats.

Zorote.

I'Ay quitté le paué, ie me vay mettre à l'ombre,
Prenant pour mon repos ce buisson frais & sombre,
D'où sans estre apperceu ie verray les passants :
En voicy quatre ou cinq au grand pas s'auançans.

Soldats.
Mais comment pouuons-nous l'auoir perdu de veuë?
Allons reuisiter ceste espine touffuë
Qui paroist à main gauche, il faut bien qu'il soit-là.
Zorote.
Ils viennent droit à moy, que peut estre cela?
Soldats.
Ha! le galand s'enfuit.   Zorote.
Ie me sauue à la course.
Soldats.
Il nous pense amuser en nous iettant sa bourse.

SCENE IV.

ZOROTE. SOLDATS.

Zorote.

HElas! ie suis perdu, ie ne puis plus courir,
L'haleine me deffaut, ah! ie m'en vay mourir.
O iambes sans vigueur, pauure corps sans courage,
Que vous estes descheus par le surcroist de l'aage!
Soldats.
Arreste, faux vieillard, ren-toy de par le Roy.
Zorote.
Estes-vous des voleurs qui vous iettez sur moy?
Vous ferez peu de gain, car ie suis vn pauure homme.

Soldats.

Nous sçauons ta richesse & comment on te nomme,
Ce n'est pas pour le gain que nous te contraignons,
Ton or porte malheur, tesmoins nos compagnons.

Zorote.

Pour qui me prenez-vous? Messieurs, i'en feray plainte.

Soldats.

Marche, c'est trop causé, c'est trop vsé de feinte.
Qui ne te cognoistroit! ie me fasche à la fin,
Nous te garrotterons si tu fais plus le fin.
Auant l'extremité tu deuois estre sage.

Zorote.

De grace, mes amis, eh! faites-moy passage.

Soldats.

Bien, le voylà tout fait, le passage à Sidon.

Zorote.

Tout ce que i'ay vaillant ie le baille en pur don,
Chaines d'or, diamants.   ### Soldats.

Prenons cela d'auance.

Zorote.

Encor deux fois autant quand i'auray deliurance.

Soldats.

Penses-tu, vieil bouquin, medaille de Vulcan,
Que nous mettions pour toy nostre vie à l'encan?
Chemine. Zor. Ah! si iadis ta flamme fut dardée,
Mesmes sur vn tien fils adultere en idée,
O Iupiter vengeur, approuues-tu que moy,
Pour m'estre deliuré d'vn veritable esmoy,

Reuengeant mon honneur par vne iuste voye,
Au supplice mortel entrainé ie me voye?
Sol. Qui pourroit approuuer qu'vn vieillard refroidi,
Sçachant qu'vn Prince adroit plus chaud & plus hardi
Combattoit en sa place aux amoureux allarmes,
Traittast son lieutenant à la rigueur des armes?
Il vaut tousiours mieux estre, ô miserable fou,
Mis par la corne au ioug qu'attellé par le cou.

SCENE V.

PHARNABAZE. PHVLTER.

Pharnabaze.

DEsia l'air amoureux a reschauffé le germe,
Dōt Nature s'esmeut pour produire à son terme:
Desia des Aquilons les Zephyrs sont vainqueurs
Et reçoiuent en prix des couronnes de fleurs:
Et desia le Belier qui la froideur tempere,
Oste le voile blanc à nostre grande mere,
Luy rendant l'habit verd que la mort des saisons
Auoit caché trois mois au coin de ses tisons:
Desia des oiselets les gorges réueillees
Caressent à l'enuy les naissantes fueillees,
Et des Nymphes de l'eau les bruyantes chansons
Apres vn long combat triomphent des glaçons:
O Mars, voicy ton mois; ta riante maistresse
L'a choisi pour donter l'hyuernalle paresse.

TRAGICOMEDIE.

Donc, qui me tient encor que ie ne fay sortir
Du thresor de mes ports la puissance de Tyr?
Pourquoy mille sapins sur les plaines salées
Ne font-ils egayer leurs toiles ampoullées?
Eole nous semond d'vn souffler opportun:
Ie voy doux au montoir les Phoques de Neptun,
Qui semble conuier nos carénes dormantes
A labourer son dos en rides escumantes:
Que font tant de drapeaux qu'ils ne sont éuentez,
Et voltigeans en plis sur les pouppes montez?
Veu que mes fantassins impatiens n'attendent
Sinon que des tambours les cordages se tendent:
Que tarde l'airain creux, que de sons esclattans
Il ne rassemble en gros mes braues combatans,
Qui fretillent des mains, desireux de reprendre
L'honneur que la Fortune a bien osé deffendre?
 Moy qui suis né guerrier, nourri le fer au poin,
Tousiours la gloire au cœur, en la teste le soin,
Qui me peut amuser? faut-il que la vieillesse
En tréfue languissante auec honte me laisse?
Non non, d'vn froid hyuer ie n'ay rien que le teint,
Ie brusle par dedans, mon feu n'est pas esteint:
Et bien que par les ans ma force desrobée
Ait sillonné mon front & ma taille courbée,
On ne verra iamais mon courage enuieilly,
Ny l'amour de Bellonne en mon ame failli.

     Phulter.

Sire, c'est en ce point que les dignes Monarques

Portent des immortels les plus notables marques,
Clothon d'vn mesme lin ne retord en ses doits
Le filet des petits & la trame des Rois,
Leurs ames sont d'enhaut & paroissent royalles
En vigueur, en constance, en valeur speciales.
  Car l'humeur mieux seante aux Monarques bien-
  nez,
C'est d'estre ambitieux aux combats obstinez:
Les Estats sur la guerre ont fondé leurs colonnes,
La guerre c'est la forge où se font les couronnes,
C'est la guerre qui peut, seule eschelle des Cieux,
Faire les hommes Roys, & les Roys demy-Dieux:
Par là sont paruenus en gloire sur-humaine,
Les inuincibles fils de Semele & d'Alcmene,
Par là mille guerriers sans auoir des autels
En renom neantmoins deuiennent immortels.
Cet Achille fameux & cet Hector de Troye,
Que sa force empeschoit de voir sa ville en proye,
Et ce grand Alexandre Heros de nostre temps,
Qui ne craignoit manquer sinon de resistans,
N'ont-ils point par le choq des sanglantes batailles
Remparé leur renom d'imprenables murailles;
Dans l'enclos du renom conseruant leurs lauriers,
Malgré la faulx du Temps iusqu'aux siecles derniers?
Mesmes i'oseray dire, ô fils aisné de Rhée,
Que ta main souueraine est bien plus reuerée
En la celeste Court, depuis que les Titans
Furent vaincus par toy fierement combattans:

TRAGICOMEDIE. 143

Qu'alors que seulement ta force estoit cognuë
Pour auoir en suspens la chaine retenuë,
Où tous les immortels contre toy coniurez,
Furent sans coup ferir par toy seul attirez.

Phulter. *Pharnabal*

La guerre est mon esbat, puisse finir ma vie
Lors que de l'exercer finira mon enuie :
La guerre est vn beau ieu dont l'honneur est le prix,
Endurcissant les corps, aiguisant les esprits.
Va doncques, mon Phulter, faire croistre nos trouppes,
I'ay dit à l'Amiral qu'il équippe les pouppes,
Car ie veux à ce coup par vn dernier effort
Sur l'onde & sur le sec violenter le Sort.
Les iours vont expirer de nostre surseance,
C'est trop long-temps croupir hors de la bien-seance.

SCENE. IV.

TIMADON. THAMYS.

Timadon.

Pauvre Tyr, pauure peuple, & Roy trop affligé,
Combien à vostre abord mon mal est rengregé !
Mal-heureux qui deurois, pour vne telle perte,
Me perdre auparauant que de l'auoir soufferte,

plustost que de me voir le premier annonçant,
Ce qui cent fois le iour me tuë en y pensant!
Quel fard peut donner lustre à mon triste message?
Thamys.
Dieu vous gard, Timadon, ie vous prens au passage;
Quel desastre vous porte à si fort lamenter?
Timadon.
Tres-fascheux à l'entendre, & plus à le conter.
Thamys.
Ie pourray le sçachant vous estre secourable.
Timadon.
Vous serez le sçachant vous mesme deplorable.
Thamys.
Qui sçait plustost son mal est plustost consolé.
Timadon.
Tout funeste rapport est trop tost decelé.
Thamys.
Mon penser ne peut pas si grand mal-heur se feindre.
Timadon.
Feignez-vous le plus grand que vous auriez peu crain-
dre.
Leonte, helas! Leonte, ô dueil sans reconfort!
Thamys.
Dieux! que me dites-vous? quoy! Leonte est-il mort?
Timadon.
Eh hé! tout est perdu. Thamys. Iupiter quelle playe!
La chose est-elle seure? Timadon.
Elle n'est que trop vraye.

Las

TRAGICOMEDIE. 145

Las! que n'estoit cillé d'vn sommeil eternel
Mon œil que cet aspect a rendu criminel?
Thamys, i'ay veu perir entre les mains des traistres
Le premier des vaillans, & le meilleur des mai-
    stres;
Mais n'ayant peu mourir pour luy ny quand & luy,
Il faut honteusement que i'en meure d'ennuy.

Thamys.
Ce grand fanal d'honneur est-il reduit en cendre?
O Ciel! le donniez-vous pour si tost le reprendre?

Tmiadon.
Ce Prince enuironné de terreur & d'amour,
Ardant comme la foudre & beau comme le iour,
Nostre Soleil leuant, lors que chacun l'adore,
A trouué son couchant aupres de son Aurore.

Thamys.
Las! que sert le Printemps si l'Esté ne le suit?
Vn arbre bien fleury si l'on n'en a le fruit?
Si l'orage gresleux vient renuerser à terre
L'esperance d'vn peuple aussi fresle que verre?
Alcide tutelaire, où dormoit vostre soin?
O Soldats orphelins, qu'il vous fera besoin,
Que vous plaindrez ce chef qui seruoit à la charge
D'exemple & de conduite, en retraitte de targe!

Timadon.
Ah! mon Roy, triste pere, où sera ta vertu?
Las! que i'ay peur de voir ton courage abattu
Sous les pieds du malheur, aux despens de ta vie,

K

Et la mort de ton fils de la tienne suiuie!

Thamys.

Iamais son cœur altier s'esleuant comme à bonds
Ne se pourra tenir qu'il ne sorte des gonds :
Ie croy desia le voir tout ainsi que malades
Grimpent au mont fourchu les Bacchantes Menades,
Courant, hurlant de rage, & pensant furieux
Que les plus doux propos luy sont iniurieux :
Il est desia farouche & boüillant de nature.

Timadon.

Helas mon cher amy, que ma charge m'est dure!
Au moins si quelque amy me vouloit obliger.

Thamys.

Auisez, Caualier, vous puis-ie soulager?

Timadon.

Aucun ne le peut mieux que vous, mon Capitaine,
Si de me preuenir vous acceptiez la peine,
Pour adoucir vn peu ces nouuelles au Roy,
Qu'il supportera mieux d'vn autre que de moy;
Car encor que du fait mon ame soit bien nette,
I'ay peur que sur moy seul tout le tort il reiette.

Thamys.

I'en eusse refusé tous mes autres amis,
Mais ie vous seruiray puis que ie l'ay promis.
Or ça contez-moy donc, comment la Parque inique
Nous a rauy si tost nostre support vnique.

Timadon.

Quelqu'vn sur ce discours pourroit nous rencontrer,

TRAGICOMEDIE. 147
Tirons-vous à l'escart, ie ne m'ose monstrer.

SCENE VII.

ALMODICE.

IE ne fay rien que perdre & ma ruse & mon temps,
Meliane & Belcar ont les cœurs trop constans.
De vray i'ay bien tiré du Prince vne promesse
Qui doit s'il l'accomplit irriter sa maistresse;
Mais elle a l'esprit fort, car iamais ie n'ay sceu
Faire qu'elle ait de luy quelque ombrage conceu:
C'est pourquoy ie les quitte, & desormais n'espere,
En faueur de Cassandre, autre ayde que son pere,
Qui peut donner le change à ce captif amant,
Par amour ou par force, il n'importe comment.
Toutefois il me reste vne fourbe subtile,
Qui selon mon aduis ne peut estre inutile.
Si le Sidonien se trouue tant heureux
Que d'attirer sa belle au deduit amoureux,
Il n'y peut reüssir que par mon entremise
Sous l'ombre de la nuict à quelque heure promise:
Et là sans que d'abord il s'en puisse auiser
Ie puis l'vne des sœurs pour l'autre supposer:
Puis quand c'en sera fait, Cassandre estant contente,
Il faut bien qu'il renonce à sa premiere attente,

K ÿ

Mesme en l'effet pent-estre il n'y pensera point,
En pareille charnure & pareil embonpoint,
Et l'vne & l'autre piece ont vn egal vsage,
Hors la diuersité qui paroist au visage
(Où l'œil n'est abusé que par l'eschantillon)
Tout est d'vn mesme drap prest à mettre au foulon.

SCENE VIII.

BELCAR.

A Quoy tend le discours de ceste vieille masque?
Cela me rend l'esprit tout confus & fantasque:
D'où vient ce changement? elle qui iusqu'icy
Pour vn simple baiser s'est donné du soucy,
Me conseille auiourd'huy, voire me sollicite
De conuier ma belle au plaisir illicite,
Iusqu'à me protester que si ie ne le fais
On en verra bien-tost des sinistres effects.
 Or ie sçay que d'abord Meliane prudente
Repoussera bien loin ma requeste impudente:
Mais quoy? ie sçay d'ailleurs l'empire dangereux
Qu'Almodice possede en mon sort amoureux;
Si bien qu'il me vault mieux offenser ma maistresse
Qu'irriter contre moy ceste fine traistresse:
Puis en tout cas i'auray pour mon dernier ressort
L'aueu de son conseil en cet honteux effort.

TRAGICOMEDIE. 149

Elle m'a toutefois fait iurer de m'en taire,
Mais les amans n'ont point de serment volontaire,
Car la force d'Amour domine sur la leur,
Et tous sermens forcez sont de nulle valeur.
Ie voy bien que ie tente vne mauuaise voye,
Si m'y faut-il passer quel peril que i'y voye :
Mais pour n'estre battu ie parleray si doux
Qu'elle en rira plustost que d'entrer en courroux.

SCENE IX.

MELIANE. BELCAR.

Meliane.

BElcar n'est point venu, la timide Almodice
Me veut persuader sur quelque foible indice,
Que sa recherche est feinte afin de m'amuser,
Mais pour en faire espreuue il le faut embraser.

Belcar.
Quels propos sont-ce là ? rencontre bien plaisante !
A mon hardy dessein la porte se presente.

Meliane.
Ie ne veux que mon œil pour bon iuge en cela.

Belcar.
Que feray-ie?

Meliane.
Ah ! mon Prince, & qui vous pensoit-là ?

K iij

Belcar.

Ie me iette à vos pieds, ma maistresse, ma Reine,
Ie demande vne grace à la main souueraine,
Qui seule peut donner la mort ou le pardon
A celuy qui vous met sa vie à l'abandon.

Meliane.

Que dites-vous, Mõsieur? quelle humeur vous trãsporte?
Vous moquez-vous de moy de parler de la sorte?

Belcar.

Ie seroy bien-disant si i'estois vn moqueur:
Mais quand ma langue est foible elle parle du cœur.

Meliane.

Qu'esperez-vous de moy dans ceste humble posture?

Belcar.

Par toutes vos beautez icy ie vous coniure,
Si vous ne trouuez bon qu'à ceste heure, en ce lieu,
Ie m'immole moy-mesme à l'amour nostre Dieu,
(I'ay le poignard tout prest) d'abolir ou permettre
Vn crime capital que ie m'en vay commettre.

Meliane.

Tout mal fait se pardonne entre les bons amis,
Mais vn crime non fait ne peut estre permis.

Belcar.

I'auray donc le pardon quand i'auray fait l'offence.

Meliane.

C'est souffrance du mal qu'vn pardon par auance.

Belcar.

Bien donc, au pis aller ie n'en puis que mourir.

Meliane.
Voudriez-vous à la mort sans contrainte courir?
Belcar.
Non non, i'y suis contraint, car ma douleur trop forte
Pour mourir ou guairir à cet essay me porte.
Meliane.
D'vn perilleux essay souuent on se repent.
Belcar.
Le peril du succez de vous seule despend.
Meliane.
Si vous n'en dites plus ie n'y puis rien entendre.
Belcar.
Pour tout perdre en vn coup, de vray c'est trop attendre.
Sçachez donc, mon Soleil, (mon astre plus puissant
Que tous les feux du Ciel qui me virent naissant)
Que si vous ne versez vn peu d'eau sur ma flame,
Ie ne puis plus suffire à l'ardeur de mon ame.
Meliane.
Tout le soulagement que l'honneur peut souffrir
Ie l'ay desia donné, que puis-ie plus offrir?
Belcar.
Quand l'amour n'est pas fort l'honneur maintient son
 estre;
Mais c'est vne chimere, amour estant le maistre.
Meliane
Plus l'amour se desborde & plus il se tarit.
Belcar.
Tant plus l'amour est libre & mieux il se nourrit.

K iiij

Meliane.
Faites-vous tant d'estat d'vne action brutale?
Belcar.
C'est le fruit le plus doux que la nature estale.
Meliane.
De fruits hors de saison nul ne se doit pouruoir.
Belcar.
Ce fruict est en saison quand on le peut auoir.
Meliane.
Vn don bien attendu dauantage contente.
Belcar.
Vn don deuient achapt par vne longue attente.
Meliane.
Cela n'est pas perdu qui n'est que differé.
Belcar.
Ce qu'on tient en la main ne peut estre égaré.
Meliane.
Temperez ceste ardeur, ou ie quitte la place.
Belcar.
Pour la bien temperer meslez y vostre glace.
Meliane.
Tu me fais rude guerre! eh! penses-tu, mon cœur,
Que ie ne souffre pas vne mesme langueur?
Mais las! s'il auenoit (comme on voit que For-
tune
Ne laisse rien de ferme au dessous de la Lune)
Qu'vn funeste accident apres ces voluptez
Retardast nostre Hymen de ses solemnitez,

TRAGICOMÉDIE. 153

Puis qu'on s'en apperçeust (penser espouuantable!)
Où seroit mon asyle en la terre habitable?
I'en tremble. **Belcar.**
Asseurez-vous, rien ne peut desormais
S'opposer à l'accord qui nous lie à iamais;
Car auant que demain la nuict pliant ses voiles,
A la face du Ciel desrobe les estoiles,
I'attens l'Ambassadeur chargé d'offres au Roy,
Qu'il ne peut reietter (telles que ie les croy)
Pour ioindre vn mariage à la paix de durée.

Meliane.

Quand bien sa volonté contre moy coniurée
En auroit fait refus, ce que ie t'ay promis
Te seroit conserué malgré tous ennemis.
Or le bon medecin dés son abord n'essaye
La scie & le rasoir sur la nouuelle playe;
Mais applique premiers ses remedes plus lents,
S'il les voit inutils vse des violents:
Ainsi tout hazarder sans besoin c'est folie;
Cedons au cours du temps, Belcar, ie t'en supplie.
Donte, mon cher amy, ce desreiglé desir,
„ Qui s'est par trop hasté se repent à loisir.
Par tes yeux & les miens, clairs miroirs de nos flâmes,
Par ta bouche & la mienne, oracles de nos ames,
Iure-moy, mon mignon, de ne plus demander
Ce que ie voudroy bien, mais ie n'ose accorder.

Belcar.

Il ne faut rien promettre où l'on est sans puissance,

Ie ne suis pas moy-mesme en mon obeissance;
Le pilote à son gré fait sa barque mouuoir,
L'escuyer son genest, Cupidon mon vouloir:
Or comme vers le Ciel le feu prend sa volée,
Et tous les corps pesants tirent à la valée,
Les mouuemens d'Amour mirent tous à ce but.
Meliane.
Mais les mauuais tireurs sont sujets au rebut.
Qu'est-ce-là? i'oy du bruit, adieu ie me retire.
Thamys Capitaine des gardes de Tyr.
Prince, le Roy vous mande.   Belcar.
                         Ah! que me veut-il dire?
Ie lis dans vostre geste & dans vostre couleur,
Mesme en vos yeux pleurās quelque nouueau malheur.
Thamys.
Vous le sçaurez trop tost pour vostre part y prendre.
Belcar.
Allons, fust-ce ma mort, ie ne puis que l'attendre.

SCENE. X.

PHARNABAZE. PHVLTER. THAMYS. BELCAR.

Pharnabaze.

Tv m'as doncques, tyran sans courage & sans foy,
Contre toute diuine & toute humaine loy,

TRAGICOMEDIE. 155

Massacré mon Leonte, & ta main desloyalle
A poussé mon appuy sous la voulte infernalle!
O Ciel, vis-tu iamais vn plus perfide tour?
O Reyne de la nuict, passe image du iour,
N'en as-tu point rougi? Souuerain fils de Rhée,
N'as-tu point escrasé sa teste pariurée?
D'où vient, ô Roy des Mers, que tu n'as point enclos
Vn crime si voisin sous l'horreur de tes flots?
Que n'engloutissois-tu, Roy de l'ombreux Tenare,
Sous la terre beante vn acte si barbare!
I'en créue, & si l'espoir d'estre bien-tost vengé
N'esclarcissoit mon sang, i'en mourrois enragé.
    Ha! monstre, quel subiet, ha! tigre impitoyable,
Peut t'auoir fait hair vne humeur tant aimable?
C'est que chez les tyrans vicieux & brutaux,
Les plus belles vertus sont crimes capitaux.
Ses heroïques mœurs, sa glorieuse vie,
Ses rares dons du Ciel ont esmeu ton enuie;
Ce qui plaisoit à tous, à toy seul desplaisoit;
Tu le craignois, coüard, sa valeur te nuisoit:
Mais dans bien peu de iours i'espere que ta fraude
Se verra descouuerte & punie à la chaude.

Phulter.

Mettez-vous en campagne, & d'vn sac carnacier
Iettez dedans Sidon les flames & l'acier:
Faites vne vengeance aussi forte que pronte,
Qui leur face expier les ombres de Leonte.
    Quand ils pourroient toucher, enclos de toutes parts,

Et l'Enfer de fossez, & le Ciel de remparts,
Nous les enfoncerons: ô que d'exploicts estranges
Feront en leur fureur vos puissantes phalanges!
Ie les voy desia fondre apres ce casanier,
Comme se precipite vn torrent printannier
Du forestier Liban, qui par ondes soudaines
Arrache, emporte, noye, arbres, rochers, & plaines.

Pharnabaze.

Et cependant, Phulter, n'auroy-je pas raison
De despescher Belcar sans le mettre en prison?
Il semble qu'aussi tost qu'vne offense est commise,
L'offensé se fait tort en vsant de remise.

Phulter.

La Iustice, ô grand Roy, met de l'eau sur son feu,
Qui n'en est que plus vif en retardant vn peu;
Le Ciel mesme irrité, prest à lascher le foudre,
Consulte le tonnerre auant que s'y resoudre:
Puis qu'il est en vos mains sans hasard d'euader,
Par les formes du droit il y faut proceder,
Et tirer la raison courageuse & publique
D'vn outrage si grand aussi lasche qu'oblique.

Thamys.

Entrez, parlez au Roy. *Belc.* Vous ay-je fait refus?
Ie marche à front leué, ne me contraignez plus.

Pharnabaze.

Et bien? malheureux fils d'vn detestable pere,
Mourant n'accusez point mon iugement seuere,
La disgrace vous vient de luy, non pas de moy.

TRAGICOMEDIE. 157
Belcar.
Vostre pouuoir est libre, & non pas vostre foy.
Pharnabaze.
En serois-je lié puis que luy s'en exemte ?
Belcar.
Appuyez vos soupçons de preuue suffisante.
Pharnabaze.
Ayant perdu mon fils encor ay-je le tort !
Belcar.
Le tort est à celuy qui s'est causé la mort.
Pharnabaze.
Que ne le gardoit-on puis qu'on l'auoit en gage?
Belcar.
Mettre vn homme en franchise est-ce luy faire outrage?
Pharnabaze.
Belcar, ie n'vse plus de raisons contre vous ;
Plus i'entens de discours, plus s'aigrit mon courroux.
Belcar.
Il est vray qu'vn courroux aueugle à l'innocence,
Des plus fortes raisons énerue la puissance.
Pharnabaze.
De mon enfant perdu n'estes-vous pas garend?
Belcar.
Garentiray-je vn homme à sa perte courant ?
Pharnabaze.
Qui vous a dict cela ? d'où vous vient ceste ruse ?
Sans doute auant le mal vous en sçauiez l'excuse.

Belcar.

On me cognoist trop franc pour m'appeller rusé;
Qui n'a point faict de mal ne doit estre excusé,
Mais oyant Timadon, selon qu'il le recite,
A me traitter ainsi nul droict ne vous incite.

Pharnabaze.

O le digne tesmoin! qui gisoit au linceul,
Ayant quitté son maistre & sans lumiere, & seul!
Non, non, c'est trop plaider. Sur peine de ta teste
(Tandis qu'vn eschaffaut dans la ville s'appreste)
Enchaine-le, Thamys, & me responds de luy.

Belcar.

Plus vous vous hasterez moins auray-je d'ennuy.

Pharnabaze.

Vous, Phulter, assemblez les gens de ma Iustice,
I'en remets à leur choix la rigueur du supplice.

ACTE TROISIEME.

SCENE I.

MELIANE. ALMODICE.

Meliane.

O Tyranniques feux sur nos testes luisans,
Qui trauersez le cours de nos malheureux ans!
Fortune, dont le vent hors de leur route emmeine
Les vaisseaux mieux guidez de la prudence humaine!
Las! qu'inopinément vous me precipitez
Du comble de mon aise en mille aduersitez,
M'enuoyât tous les maux que i'ay iamais peu craindre,
Et m'ostant tous les biens que i'esperois d'attaindre!
Que diray-je à ce coup? lequel de mes malheurs
Aura le premier rang dans le cours de mes pleurs?
Dois-je voüer ma plainte à mon vnique frere,
Autre-fois mon support, auiourd'huy ma misere?
Voylà de mon Belcar le tombeau preparé,
Qui seul Roy de mon cœur veut estre preferé:
Mais si pour cetuy-cy tous mes sens se lamentent,

La nature & l'honneur d'vn remords me tourmentẽt,
Tant de mettre en arriere vn decez fraternel,
Que de couuer en l'ame vn regret criminel :
Il faut, ô desespoir ! que ie sois declarée
Ou desloyale amante, ou sœur desnaturée :
Car bien que les deux chefs de ma calamité
Soient d'vne mesme source & mesme qualité;
Le premier accident fait, helas ! que ie n'ose
Euenter le second, dont il est seule cause :
Mesmes (si ie le puis) il faut à contre-cœur
Monstrer en mon desir ce dont i'ay plus de peur.
  Or suis-je seule icy de tesmoins reculée,
Ma douleur librement y peut estre exhalée.
Sortez & tempestez, ô mes iustes clameurs !
Soulagez mon angoisse, autrement ie me meurs.
Tu me dois dispenser, saincte ombre de Leonte,
Si la force d'amour mon amitié surmonte;
Par exemple tu sçais que de nous esloigné
Vn bel œil a sur toy si puissamment regné,
Que tu mis en oubly, par ton amour extréme,
Et nostre souuenir & le soin de toy-mesme :
Et moy qui suis ta sœur, qui ne te cede point
En ceste passion qui deux ames conjoint,
Promets en t'imitant, que le dueil ie prefere
D'vn amant que ie pers à la perte d'vn frere :
Et puis, assez de pleurs se respandent pour toy,
Mais nul pour mon Belcar ne s'afflige que moy.
  Grand conducteur du iour, & toy blanche Diane,
Cessez

TRAGICOMEDIE. 161

Cessez dorenauant d'œillader Meliane,
Car elle perd la veuë en perdant son flambeau,
Et par vostre clarté ne void plus rien de beau.
Grand mere des viuans, florissante & fertile,
Cache ton coloris, car il m'est inutile :
Ton teint m'est desplaisant puis que ie voy pery
Le fruict de mon espoir n'agueres si fleury.
Leger prince de l'air qui des vents plus farouches,
Du creux de tes soufflets, emplis les fortes bouches,
Preste-moy tes poulmons, afin que puissamment
Ie pousse des souspirs egaux à mon tourment.
Donne moy tous tes flots, Roy des ondes cruelles,
Qu'ils deuiennent en moy larmes continuelles,
Et lors que pour pleurer tes eaux me deffaudront,
Ma vigueur & ma vie en pleurs se resoudront.

Pauurette que dis-tu ? non, non, mets bas les armes,
Quitte le iour, l'espoir, les souspirs, & les larmes :
Si tu n'es desia morte, au moins mourras-tu pas
Quand le cœur de ton cœur subira le trespas ?
Ouy, nous sommes vnis d'vne chaisne si ferme
Que la Parque à nous deux ne peut dōner qu'vn terme ;
Car tirans l'vn de l'autre & vie & mouuement,
Nous mourrons l'vn & l'autre ensemble en vn momēt.

O Roy de qui prouient ma sinistre naissance,
Puis que nostre destin dépend de ta puissance,
Que ne sçais-tu ce nœu ? peut-estre en mon dessein
Que ton propre interest amolliroit ton sein !
O que ton cœur troublé d'vne trop viue attainte,

L

Et mes propos liez de respect & de crainte,
Ne sont-ils en franchise en faueur du bon droict,
Comme pour disputer la raison le voudroit !
  Ie plaiderois comment celuy qui mit au monde
Vn Prince en qui l'honneur infiniment abonde,
Si genereux, si franc, si noble, si bien né,
Ne peut estre meschant comme il est soupçonné :
De la colombe sort la colombe amiable,
Du milan le milan, chaqu'vn de son semblable,
Et des traistres humains les fils peu differens,
La race participe aux mœurs de ses parents.
D'ailleurs, mesmes des loix la rigueur plus extréme
Ne punit d'vn meffaict que le malfaicteur mesme ;
Ainsi quand on voudroit du pere se vanger,
Pourquoy le fils sans coulpe en la peine engager ?
En fin sans te desduire vn plaidoyer plus ample,
Le meurtre ne doit pas s'establir par exemple ;
Et toute infraction d'vn solemnel traicté,
Quelque excuse qu'elle ait, n'est qu'infidelité.
Mais las ! c'est perdre temps, car ton ame aueuglée
A tourné son bon sens en fureur déreiglée,
L'effect en est conclu, dont te pourra sortir
Sinon le desespoir, au moins le repentir.

Almodice.

Le criminel iugé d'vn Parlement seuere,
Quand par grace du Roy son arrest se modere,
N'est pas plus gay que moy, que Leonte en mourant
A tiré d'vn Dedale & d'vn blasme apparent,

Dénichant Cupidon du cœur de nos Princesses.

Meliane.

Ha! ma mere, approchez, helas! que de tristesses!
Comment chez les mortels on voit soudainement
Se tourner en douleurs un grand contentement!

Almodice.

Rien ne peut reparer ny priser ce dommage:
Helas! que nous perdons un rare personnage!
En qui se releuoit tout l'honneur de nos Rois,
En qui la vie humaine auoit mis à la fois
De tous ses trois degrez la diuerse richesse,
D'âge enfant, de cœur homme, & vieillard de sagesse!

Meliane.

Almodice mon cœur, quel reuers contre-moy!
Lors que tous mes souhaits demeuroient à recoy
Comme au dernier degré de la chose esperée,
Helas! de celuy-là voir la perte iurée
De qui j'auois iuré l'eternelle amitié!
Prince autant sans peché que le Roy sans pitié.

Almodice.

Y pensez-vous encor? Meliane. O question gentille!
Qui m'en diuertiroit?

Almodice.

O l'admirable fille!
N'estes vous-point esmeuë en perdant vostre sang?

Meliane.

Sur toute émotion l'amour retient son rang.

Almodice.

Malgré la mort d'un frere & le vouloir d'un pere?

L ij

Meliane.

Encor, fust-ce la mort & de frere & de pere,
Ie déplore la mienne & non celle d'autruy.

Almodice.

On n'en veut qu'à Belcar.   ### Meliane.

      Mais ma vie est en luy.

Almodice.

Les filles d'auiourd'huy n'ont gueres de prudence.

Meliane.

Les vieilles comme vous n'ont gueres de constance.

Almodice.

La mort vient assez tost sans ainsi l'auancer.

Meliane.

Mais trop saincte est ma foy pour ainsi la fausser.

Almodice.

La foy n'oblige point à la chose impossible.

Meliane.

Le vouloir pour le moins en doit estre inuincible.

Almodice.

Le trouble du malheur vostre esprit éblouït.

Meliane.

Mais vostre iugement de peur s'éuanouït.

Almodice.

Ie crain vous voyant courre au peril sans contrainte

Meliane.

Quand on a tout perdu c'est erreur que la crainte

Almodice.

Meliane autresfois complaisante à chaqu'vn,

TRAGICOMEDIE.

Deuient donc sans respect & sans crainte d'aucun?
Meliane.
Almodice autresfois le soufflet de nos flâmes,
Veut rompre la soudure où se ioignent nos ames?
Almodice.
Almodice a pour but vostre felicité.
Meliane.
Et moy ie n'ay pour but que la fidelité.
Almodice.
Fidelité rebelle aux volontez royalles!
Meliane.
Fidelité contraire aux rigueurs desloyalles.
Almodice.
Croirez-vous vostre pere autre que iusticier?
Meliane.
Ie ne tiens point pour pere vn tyran carnacier.
Almodice.
La Iustice est au Roy. ### Meliane.
     Subject il s'y doit rendre.
Almodice.
Au fonds, sur l'ennemy l'auantage on doit prendre
Meliane.
Iamais sans ennemis ne regnent les vertus,
Les plus grenez épics de gresle sont battus,
Les hommes de grand cœur & d'innocente vie
Rencontrent sans mercy la fortune & l'enuie,
Mais lors vn amy franc, au lieu d'estre opprimé
De leurs coups furieux, s'en trouue confirmé:

      L iij

Non pas comme l'on voit la fille de Terée
Attendre pour nous voir l'absence de Borée,
Lors que sous l'air serein la prime des saisons
Des affiquets de Flore émaille nos gasons :
Puis si tost que le verd se change en fueille-morte,
Quand le clair Scorpion les frimas nous apporte,
Dés le moindre frisson, le passager oiseau
Quitte nostre climat pour vn autre plus beau.
 Au contraire vn amy ressemble à la colonne,
Qui tant plus se roidit, & tant moins abandonne
Le deu de son appuy, que tant plus elle sent
Le sommier imposé sous le poids fleschissant.
,,*En fin comme au fourneau le plus fin or se treuue,*
,,*Durant le temps fascheux vne amitié s'espreuue.*

    Almodice.

Mais tel est des parents le droit & le pouuoir
Qu'on ne doit rien aymer que selon leur vouloir:
Nature l'establit, & le Ciel l'authorise,
Qui le rebelle enfant iamais ne fauorise :
Et les sœurs de Clothon ne forment les destins,
Que de funeste issuë, aux amours clandestins.
Tu nous en fis leçon, folle infante de Crete,
Lors que tu desployas ta ficelle secrette
Pour vn ieune estranger, qui payant ton amour,
Despestré des destours te fit vn mauuais tour.
Et toy qui dérobas la perruque fatale
Pour l'amant ennemy de ta ville natale,
L'ayant fait triompher, que t'en vint-il alors

TRAGICOMEDIE. 167

Qu'vn desespoir en l'ame, & des plumes au corps?
Il faut bien par contrainte, ô Phenix de Phenice,
Lors que l'obiect finit, que le dessein finisse:
Vsez de la raison pour vaincre vostre ennuy,
Laissez perir Belcar sans perir quant-&-luy.

Meliane.

O tison de discorde, outil de perfidie,
Naturel sans pitié, charité refroidie,
Va, ne me tente plus, tu perds en me preschant
Tout ton credit, ton temps, & ton propos meschant:
Ie n'ay pas comme toy le roide cœur d'vn arbre,
Non, ie n'ay pas le sein de bronze ny de marbre,
Et dans quelque desert les tigresses n'ont pas
Presté leur laict sauuage à mes premiers repas.
Toy, tourne au gré du vent, non seulement délaisse
Vn amy que le Sort iniustement abaisse:
Mais ren-toy sa partie, & fay tout ton effort
A luy monstrer ta haine au lieu de ton support.
Fay comme les mastins dont la trouppe se ruë
Sur celuy qu'on poursuit de pierres par la ruë.
Moy ie verray plustost rebrousser le Iordan
Iusqu'au plus haut sommet du Palestin Liban,
Ie verray le Dieu blond qu'à Delphes on adore,
Se leuer au couchant, se coucher à l'Aurore,
Que de voir ma promesse aller contre son cours,
Ou se perdre sans moy le Soleil de mes iours.
Et plustost du Chaos ie reuerray la guerre,
Le feu confus en l'eau, l'air opprimé de terre,

L iiij

Que des flots du malheur mes amours submergez,
Ou craintifs & muëts de peine surchargez :
N'importe à mon égard que la Fortune assemble
L'ire de tous les Dieux & des hommes ensemble :
Car toutes les horreurs des gesnes & des fers,
Qui regnent tant delà, que deçà les enfers,
La plus cruelle mort, la plus hideuse rage
Auraient de l'impuissance à fleschir mon courage.

Almodice.

Prenez mon zele en gré ; ce qui l'esmeut si fort,
Madame, ce n'est point la terreur de la mort,
(De combien, reculant, sçauroit estre exentée
De son acier fatal ma carcasse edentée ?)
Ce n'est point que legere ou sans affection
Ie ne plaigne ce Prince en son affliction :
Commandez, essayez, si pour son allegeance
Ie manque en loyauté non plus qu'en diligence:
Mais le vouloir est vain quand le pouuoir deffaut,
Desia pour son supplice on dresse l'eschaffaut.
Les conseils en sont pris, où seroit son refuge ?
Le Roy s'est declaré la partie & le iuge.

Meliane.

Ma mere, mais encor ne peut-on pas tascher
A quelque trait subtil qui le face lascher ?
Songeons-y, ie vous prie. Almodice.
 Il est en vne cage
Espaisse de muraille, & tres-haute d'estage ;
Tous ses iours sont garnis de barreaux pres à pres,

Ses guichets occupez de vingt gardes exprés,
Sont commandez d'vn chef que Thamys on appelle.
Meliane.
Oh! qu'à nostre profit cet homme est trop fidelle!
Almodice.
Qui n'ose, rien ne fait: quel seroit le rocher
Qui ne s'amolliroit vous le venant prescher?
Orphee a bien fleschi la puissance infernalle,
Et quel accord de lyre à vostre voix s'egale?
Le roussin plus fougueux par la bouche est mené,
Par le armes du front le taureau forcené,
Par le nez l'elephant, & de façon pareille
L'homme le plus farouche est conduit par l'oreille:
Au reste, offrez, donnez, qui seroit refusant
En ceste belle main d'vn liberal present?
Meliane.
Sus, il le faut tenter: ô Dieu de bien-disance,
Pere d'inuention d'art & de complaisance,
Grand patron des coureurs & des auanturiers
Qui iadis deliuras le maistre des guerriers,
Des chaines d'Ephialte, & la fille d'Inache,
Des cent yeux la gardans en forme d'vne vache,
Influë en mon langage, ô beau Cyllenien,
Et le doux artifice, & la force du tien.
Almodice.
Si Thamys le permet la chose est bien aisée,
Nous le ferons couler en robe desguisée
Dans quelque bon vaisseau tout prest à démarer.

Meliane.

J'y veux aller aussi, pourquoy nous separer ?
J'entends de partager le peril & la ioye,
Pour croire son salut il faut que ie le voye.

Almodice.

Courage de Pallas en vn corps de Cypris !
Poursuiuons ce complot, il est bien entrepris.

SCENE II.

ABDOLOMIN, Roy de Sidon. BALORTE.
Ambassadeur de Sidon.

Abdolomin.

Prens donc, comme i'ay dit, mon fidele Balorte,
La galere Amiralle & suffisante escorte,
Cours de rame tranchante & de voile bouffant,
Va, mon Ambassadeur, secourir mon enfant.
Las ! fleschy Pharnabaze, & fay que s'il luy reste
Vn rayon de bon sens dans son trouble funeste,
Qu'il ne s'acquiere point par vne cruauté
Le nom de Tyrannie au lieu de Royauté :
S'il me veut condamner va deffendre ma cause,
Fay luy voir le procez, s'il y trouue vne clause
Qui taxe tant soit peu ma sincere candeur,
Dy-luy qu'à sa mercy ie soubmets ma grandeur.

TRAGICOMEDIE. 171

Mais s'il cognoist à l'œil que ce n'est pas ma faute,
Si son fils s'est perdu par ieunesse peu caute,
Qu'il ne recherche point au mal qu'il en ressent,
Vn remede outrageux dans le sang innocent,
(Ainsi que font, horreur ! les ladres qui s'y bai-
    gnent.)
Implore auec pitié de ceux qui l'accompagnent
Toute faueur vtile à luy rompre ce coup :
Liure-luy quand & quand Zorote ce vieux loup,
Ce ialoux enragé : sa croix i'ay differee,
Tant qu'il aura de luy la verité tirée.
En somme efforce-toy, car ie ne doute pas
Que mon Belcar ne soit menacé du trespas ;
Ie cognoy trop l'humeur de ce Roy sanguinaire,
Insupportable mesme en sa fougue ordinaire.
Balorte.
Vous le prenez au pis, mais i'espere pourtant
De luy vaincre le cœur si l'oreille il me tend.
Abdolomin.
Ainsi vueillent les Dieux ; moy cependant en doute,
En mesme vœu qu'Egee auray l'œil à ta route.

SCENE III.

BELCAR aux fers. THAMYS.

Belcar.

OV es-tu maintenant, d'où viens-tu, qui es-tu?
Quelle metamorphose accable ta vertu?
Es-tu ce grand Belcar dont la dextre aguerrie
Estendoit son renom plus loin que la Syrie,
Et qui faisois trembler à son premier aspect
Tes ennemis de peur, tes amis de respect?
Est-ce donc là ce bras lié de fortes chaines,
Qui deuoit gouuerner d'un Empire les resnes?
Est-ce donc là ce chef au bourreau destiné,
Que l'on esperoit voir de fin or couronné:
Suspendant à sa voix des Seigneurs & des Princes,
Et mouuant d'un clin d'œil les ressorts de Prouinces?
Comment as-tu changé ton auguste Palais,
Peuplé de courtisans, de gardes, de valets,
Contre ce noir cachot comblé de vilenie,
Où les rats fourmillans te tiennent compagnie?
Quel est cet accident? es-tu donc deuenu
Quelque odieux corsaire en iustice tenu,
Conuaincu mille fois d'auoir, quand & la vie,
Des timides marchands la richesse rauie?

Las! ce pauure veneur, qui de soif languissant
Recherchoit à l'escart vn flot rafreschissant,
Ne s'estonna point plus quand de cholere éprise
Diane le rendit de sa meute la prise,
Que moy qui voulant tendre aux aymables surgeons,
Où la belle Cyprine abreuue ses pigeons,
Me trouue à l'impourueu sur la riue du Lethe:
Et cependant qu'Amour d'esperance m'alaitte,
Sortant des doux liens de sa captiuité,
I'entre en ceux de la mort sans l'auoir merité.
  O Monarque des Dieux, dont l'œillade gouuerne
Tout ce que l'vniuers enueloppe en son cerne,
Pourquoy iusqu'à ce iour m'as-tu sous ton support
Mis si bien à couuert des bourrasques du Sort,
Comblant tous mes soins d'heur, mes combats de vi-
    ctoire,
Ma conduite d'adresse, & mes trauaux de gloire?
Qu'il me valoit bien mieux qu'vn de ces Cheualiers,
Qui sous mes coups pesans sont tombez à milliers,
Eust en vn champ d'honneur, brisant ma violence,
Annobly de ma teste ou sa lame ou sa lance!
Ou que ceste langueur qui durant deux hyuers
M'a collé dans la couche en martyres diuers,
(Tandis qu'à nos despens & par ma seule absence
Le Tyran Tyrien releuoit sa puissance)
Eust enuoyé mon ombre au Charontide bord,
Plustost que me garder à si piteuse mort,
Où les plus lasches cœurs qui d'honneur ne font conte,

Craignent toutesfois moins le tourment que la honte
Que ie te plains, ma belle, en qui gist tout mon bien!
Combien mon propre mal m'est moindre que le tien!
Veu que tu n'es pas moins & sensible & soudaine
A la compassion que ton pere à la hayne.
  Helas, il me souuient qu'auant nostre amitié
Ie ressenti d'abord l'effet de ta pitié!
Quand ny l'objet public de la guerre obstinee,
Ny mon regard affreux, ma palleur descharnee,
Ny l'odeur des onguens, l'air renclos & relant,
Ny la crainte d'un bruit par les bouches volant,
De moy, pauure blessé, ne t'empeschoient l'approche:
Soit lors que le Soleil alloit monter en coche,
Soit alors que plus haut il partissoit le iour,
Soit alors que dans l'onde il acheuoit son tour,
Tu m'osois visiter, & d'un courtois langage
T'enquerir de mon mal en me donnant courage:
Tantost tes doigts polis faits d'yuoire viuant,
Tastent l'accez fiéureux en mon poulx se mouuant,
Tantost sous le corail de ta bouche mignonne
Tu fais l'essay toy-mesme au crystal qu'on me donne,
Pour gouster si Bacchus a perdu la vigueur,
Au sein d'une Naïade infusant sa liqueur;
Et tantost de tes mains si doüillettes & blanches,
Obligeant l'appetit les morceaux tu me tranches.
Mais le plus grand effect de ta rare bonté
Sans mourir de regret ne peut estre conté;
C'est lors qu'ayant ouy mon amoureuse plainte,

TRAGICOMEDIE. 175

Tu t'ofas confeffer d'vn mefme trait attainte,
D'où tant de doux plaifirs (helas! le cœur me fend,
Et mon prefent eftat la memoire en deffend;)
Tant de delices, dis-ie, en nous prirent leur fource,
Dont vn torrent du Sort rompt auiourd'huy la courfe.
Mais i'entens remuer les clefs & les verrous
Qui renferment ce lieu.   Thamys.
                    Prince, efioüiffez-vous,
Receuez de ma main la preuue plus certaine
D'vn amour de Princeffe.   Belcar.
              En quoy, mon Capitaine?
Thamys.
Ça çà que viftement ie defferre vos fers,
Ne tardons point, fortez (car les huis font ouuerts)
Sous cefte fauffe barbe & fous cefte cafaque
Venez vous retirer au fonds d'vne carraque,
Où Meliane & vous, à la faueur du vent,
Irez en mefme lieu mefme rifque fuiuant.
Belcar.
O bonté rauiffante, amoureufe merueille!
O d'vn cœur feminin conftance nompareille!
Thamys.
Suiuez-moy iufqu'au port, ie vous y vay guider,
De là fur vn courfier ie me veux éuader.

SCENE. IV.

Cassandre. Phvlter. Almodice.

Cassandre.

AH ! fille sans secours & sans ressource aucune !
Malencontreux destin ! detestable fortune!
Que maudit soit le iour qui me fut le premier,
Et maudit celuy-cy qui sera mon dernier.
Que feray-ie ? où courray-ie ? où suis-ie ? ah ? quelle
    rage !
O malheureux cheueux ! ô malheureux visage !
O sein, de mes tourmens principal receleur,
Que ne puis-ie en t'ouurant arracher ma douleur ?
Ongles mal-aiguisez   Phulter
                      Quelle esclattante plainte
Sonne tant en ce lieu ? i'en tremble tout de crainte.
Cassandre.
Changez-vous en rasoirs.   Phulter.
                Eh ! quoy, Madame, quoy ?
Veillé-ie ou si ie songe ? & qu'est-ce que ie voy ?
De quelle passion l'estrange violence
Triomphe de vostre ame auec tant d'insolence ?
Comment ! que faites-vous ? qu'ont fait ces fils deliez,
Mieux dorez que l'or mesme & pendãs iusqu'aux piez ?
                                      Pour-

TRAGICOMÉDIE. 177

Pourquoy les brisez-vous, & ces pommes iumelles,
Pourquoy les plombez-vous de froissures cruelles?
D'où vient cet œil hagard? ce nuage tendu
En rides sur ce front?   Cassandre.
            Eh ! hé ! tout est perdu.
        Phulter.
Tout est perdu pour vous si vous perdez vous-mesme.
Ie sçay que ce grand dueil vient d'vn malheur ex-
    treme,
Et qu'vn sage en tel cas, au porche Athenien
Seroit tout de metail s'il n'en ressentoit rien:
Mais le trop est blasmable aux humeurs mieux seantes,
Se plaindre & se tuer sont choses differentes.
,, Par nous ny pour nous seuls nous ne viuons icy,
,, Mourir par nostre main nous ne deuons aussi.
,, Le bras est execrable & plus que parricide
,, Qui démolit le siege où son ame reside.
        Cassandre.
Ie ne puis euiter qu'à l'ombre du trespas
Les iniures du Ciel.   Phulter.
            Non, non, ne croyez pas
Qu'en sortant de la vie on sorte de misere;
La chair quitte ces maux dans le sein de sa mere
Et braue les douleurs, mais le souffle diuin
C'est l'homme proprement qui ne prend point de fin,
Et qui porte son mal de quel costé qu'il verse,
Comme vn cheureüil courant le matras qui le perce:
Mal d'autant plus cuisant qu'il ne trouue là bas

                    M

Ny divertissement, ny repos, ny soulas,
Et qu'ayant vne fois delaissé la lumiere
Nul ne peut remonter en sa place premiere.
 Viuons donques viuons, targuez de la vertu,
Et ne nous rendons point sans auoir combattu,
Laissons l'impatience à la folle commune:
,, Le seul & seur moyen de vaincre la Fortune,
,, C'est de la mespriser.   Cassandre.
     Ainsi de discours vains
Remonstrent la constance aux malades les sains.
    Phulter.
J'en atteste les Dieux, si mon ame n'applique
Ses plus forts sentimens à la douleur publique,
Et si iamais vn coup m'auoit touché si fort,
Que ce grand accident, cét outrage du sort,
Qui m'oste vn bien-vueillant, liberal, & bon Maistre,
En qui seul ma fortune affermissoit son estre:
Mais quoy? celuy qui sçait que les pleurs ny les crís,
Ny mesme vn desespoir, rançon de trop grand prix,
Ne peuuent rachepter vn ombre du riuage
Où la faulx de la Parque estalle son rauage.
Celuy-là sur autruy n'est pas fondé si fort,
Qu'alors qu'vn accident moissonne son support,
Il tombe quand & luy desolé sans remede,
Au contraire en vsant des amys qu'il possede
Les cognoissant mortels il se tient preparé
De s'en voir tost ou tard quelque iour separé.
 Tous premiers mouuemens à combattre impossibles,

TRAGICOMEDIE. 179
(Si ce n'est par les Dieux ou les rocs impaßibles)
Se vainquent par le temps d'vn effort sans effort.
Cassandre.
Ouy bien quand on a l'œil à quelque reconfort.
Phulter.
En faut-il vn meilleur qu'vne vengeance prompte,
Qui mesme l'ambrosie en volupté surmonte?
Madame, attendez-la, certaine de nos mains
Qui rendront la pareille aux meurtriers inhumains.
Vous verrez, de Sidon les murailles rasées,
Les thresors enleuez, les maisons embrazees,
Les carrefours à nage au sang des obstinez,
Et nos marchez tous pleins des restans enchainez:
Mesmes en attendant que leur maistre on punisse,
Qu'vn Royaume & son Roy d'vn mesme coup finisse,
Vous verrez dés tantost tomber deuant vos yeux
Belcar son fils vnique. Ah! qu'est-ce-là, bons Dieux?
Elle tombe en syncope, Eh! Madame, courage:
Elle a les yeux ternis, la palleur au visage,
Et la sueur au front: à l'eau courez à l'eau,
Venez tous au secours.
Almodice.
Quel est ce bruit nouueau?
Que voy-ie? ô Iupiter! Cassandre est trespassée.
Phulter.
Faites qu'elle ait de l'air, qu'elle soit délacée.
Almodice.
Madame, elle n'oit rien, ma fille, respondez,
Me cognoissez-vous point quand vous me regardez?

M ij

Phulter.
Il semble qu'à ce cri vostre obiet l'ait esmeuë.
Almodice.
Cassandre. Phulter. *Elle reuient, sa léure se remuë.*
Almodice.
Mon nourrisson, mon cœur, mon tout, parlez à moy,
C'est moy seule qui puis soulager vostre esmoy,
Leuez-vous, ie vous prie. Phulter.
Elle vous tend l'oreille.
Cassandre.
Ie dormois doucement, d'où vient qu'on me réueille?
Phulter.
Quoy donques voulez-vous aux ennuis succomber?
Almodice.
Appuyez-vous sur moy craignant de retomber:
Ostez-vous tous d'icy, la memoire trop fresche
D'vn cuisant desplaisir son iugement empesche:
L'homme du noir cachot nouuellement tiré
S'aueugle du iour mesme au lieu d'estre esclairé:
Au reste qui seroit-ce, autre que sa nourrice,
Qui la cherisse plus, que plus elle cherisse,
Qui mieux la cognoissant mieux la gouuerne aussi?
Phulter.
Adieu, veillez-y donc. Almodice.
Laissez-m'en le soucy.
Cassandre.
Couchez, ne feignez point, sous vne froide lame;
Couchez ce corps transi separé de son ame;

TRAGICOMEDIE.

On doit ce sainct office aux pasles trespassez:
Pourquoy retardez-vous? n'appert-il point assez
Que i'ay les yeux esteints, la couleur d'vne morte?
Si ie respire encor viuante en quelque sorte,
Si ie forme ces mots, c'est la seule vigueur
De mon dueil immortel qui m'anime le cœur.

Almodice.

Oyez, & croyez-moy, ie veux vous faire viure
En dépit de la mort qui ces assauts vous liure.

Cassandre.

Voire dea Iupiter qui les cieux fait mouuoir
A peine le pourroit. Almod. Et moy i'ay ce pouuoir!
Tout vostre desespoir ne vient pas de Leonte,
Laissons-le en son repos puis qu'aucun n'en remonte,
Mais que me direz-vous si deuant que la nuit
Descouure auec le char le bouuier qui le suit,
Ie deliurois Belcar, le Roy de vos pensees,
Les chaines, les prisons & les gardes forcees,
Et si dans vn lieu seur ie vous alloy loger,
Tous deux ioyeux ensemble & francs de tout danger.

Cassandre.

N'ay-ie assez de tourment sans ceste moquerie?

Almodice.

Que de vous ie me moque? eh! dites, ie vous prie,
Quand m'auez-vous surprise en quelque faulseté?

Cassandre.

Ce qui n'est pas croyable est pour faulx reputé.

M iij

Almodice.

A vous de trop long temps ma foy i'ay tesmoigné
Pour estimer ma voix de croyance esloignee,
Si vous aymez ce Prince osant pour l'espouser
Vostre pere, vos biens, vostre honneur mespriser.

Cassandre.

Il ne me chault de rien.   Almod.
　　　　　　　　　Ie puis dans peu de terme
Vous placer l'vn & l'autre en vne aise tres-ferme.

Cassandre.

L'oseroy-ie esperer? Alm. Mais faites-en l'essay,
Ie ne propose pas les moyens que i'en sçay,
Ny le temps ny le lieu n'ont point assez d'espace,
Vous importe-il comment, pourueu que ie le face?
Vn voile sur le front, de ce pas toutes deux,
Allons prendre vn esquif sur le riuage ondeux,
Qui nous face aborder vn nauire à la rade,
Où Belcar déguizé vous dresse vne embuscade :
Mais partons promptement, i'ay crainte qu'apres luy
L'on ne se mette en queste. Cass. Auancez, ie vous suy.

ACTE QVATRIESME.

SCENE I.

MELIANE. Soldats des gardes de Tyr.

Meliane.

Qv'il me tarde, ô Titan, que ton œil nous es-
    claire
Du plus iuste milieu de ta traitte ordinaire,
Et qu'au bas du quadran l'ombrage descendu
M'ameine en fin le temps du voyage attendu!
Quel prodige nouueau, quel penible passage
Appesantit le train de ton viste attelage?
Auance, beau Soleil, si iamais ton brandon
Renforça ses ardeurs du feu de Cupidon.
Pense combien m'attriste vne longue demeure,
Le plus petit clin d'œil me dure autant qu'vne heure,
Chaque heure comme vn mois, & ce iour m'est egal
Aux douze logemens de ton tour general.
    Le larron qui furette en la maison sappee,
Des qu'vn abboy de chiens son oreille a frappee,

Fremit & perd le cœur, il s'allarme à tout bruit,
Et ne trouue assez brun le plus noir de la nuit,
Tant qu'apres son coup fait il reprend son audace,
Partageant son butin transporté de sa place:
Ainsi ie sens mon corps herissé de frisson,
Les moindres mouuements me tournent à soupçon,
Rien ne me semble seur, vne terreur Panique
Menace mon complot d'vn presage tragique.
Plus mon partement tarde & tant plus i'apperçoy
De peine & de perils qu'il traine quant & soy :
Thamys se peut desdire, & la fausse Almodice
Peut auoir fait dessein tout à mon preiudice,
I'ay voulu voir Cassandre, on ne la trouue point,
Ie sçay qu'en mesme amour elle & moy nous espoind,
Qui sçait si sa nourrice auroit donné le change ?
O Dieux destournez-moy de ce penser estrange !
Vn vaisseau passager pour Cyprien cogneu
(Et tel estoit celuy qu'elle auoit retenu)
Vient tout presentement de cingler en mer haute,
Mais il auance peu, car le vent luy fait faute.

Soldats.

Ha ! desloyal Thamys, par les rages voüé
Au mal-heur de nous tous, quel tour as-tu ioüé !

Meliane.

Que direz-vous, amis? Sol. L'ignorez-vous, Madame,
Que nostre chef perfide ait ourdy telle trame ?
Qu'ayant son corps de garde auec ruse escarté,
Il ait lasché Belcar en pleine liberté ?

TRAGICOMEDIE. 185

Où va ceste Princesse? vne pasleur plombée
A soudain de son teint la beauté desrobée,
Elle part roidement, comme au cry des clabauts
Le veneur voit bondir & de course & de sauts
Dans les sombres forests vne biche lancée.
Holà, i'entens du Roy l'approche courroucée,
Euitons son regard, nous sommes en horreur,
(Sinon du crime entier) de punissable erreur.

SCENE I.

PHARNABAZE. L'ADMIRAL. de Tyr.

Pharnabaze.

Desmarez sans arrest, ne vous monstrez point lasches,
Poursuiuez ce fuyard de voiles & de gasches,
Mes courriers sont allez par terre apres Thamys,
Mais ie sçay que Belcar dessus l'onde s'est mis.

L'Admiral.

Depuis le temps douteux, vne carraque seule
A franchy de ce port la murmurante gueule,
Ie vous la rends bien-tost, Eole est endormy,
L'air offre à nos forçats vn visage d'amy.

Pharnabaze.

Plus ie songe à cela, plus mon ame est piquée.

De voir que ceste fourbe est si tost pratiquée.
O traistre, ie t'auray, tu ne peux m'eschaper,
J'ay trop de bons leuriers pour ne point t'atraper;
Lors ie te feray dire en horreur des supplices
Tous ceux qui de ton crime ont esté les complices.
Plusieurs s'en sont meslez, i'en soupçonne quelqu'vn,
D'indice toutesfois ie n'en asseure aucun :
  Mais retien desormais, credule Pharnabaze,
Qu'vn Roy doit estre seul de ses desseins la baze.
Si ma prompte vengeance eust son desir suiuy,
Son effect à mon bras n'eust point esté rauy :
Mais tandis qu'assoupy d'vne angoisse profonde
Ie me suis retiré de tout accez du monde,
Les fins renards qu'ils sont ont bien choisi leur temps :
Si croy-je enfin que tous n'en seront pas contens,
Ie m'en vay prendre l'air, & du pied de la dune
Implorer à l'escart la faueur de Neptune.

SCENE III.

Deux Pescheurs en vn esquif. MELIANE.

Premier Pescheur.

POusse fort, compagnon, que benit soit le Dieu
 Qui nous a fait surgir à l'abry de ce lieu :
Ceste roche en croissant par son ombre fourchuë

TRAGICOMEDIE. 187

De buissons de deux parts nous met hors de la veuë.
2. Pescheur.
Or ça que ferons-nous? traisnons ce corps à bord,
Le sang iallit encor, il est fraischement mort.
O Dieux! à quel barbare a peu monter en l'ame
De mettre en tel estat vne si belle Dame!
1. Pescheur.
Hastons-nous, mon amy, laissons les complimens.
2. Pescheur.
N'emporterons-nous rien de ces beaux ornemens?
1. Pescheur.
Sauuons-nous au plustost à la mercy des vagues,
Nous auons son argent, ses chaines, & ses bagues,
Ce thresor bien celé ne sera point cognu.
2. Pescheur.
Le bon coup de filet, qu'il nous est bien venu!
1. Pescheur.
Si l'on nous voit icy nous patirons du crime,
Vn soupçon en tel fait legerement s'imprime.
Contentons-nous du gain, rentrons en nostre esquif.
2. Pescheur.
Mettons-la bien au sec, tu n'es que trop craintif.
Meliane.
Petit tertre à couuert, penchant sur l'onde proche,
Qui fais vn precipice entaillé dans la roche.
1. Pescheur.
Ha! i'entens quelque voix, ie te l'auoy bien dict,
Nous amuser icy c'est nous perdre à credit.

Meliane.

Tombeau d'vn desespoir & digne d'vn Egée,
Propre à lascher la bride à mon ame enragée,
Antres, buissons, cailloux, receuez mes discours,
Aussi bien pour tesmoins ie ne veux que des sourds.

2. Pescheur.

Ce cry vient de la haut, mais rien ne nous empesche
Que nous ne retournions sans bruit à nostre pesche.

Meliane.

Que mon trouble s'accroist, quand parmy l'air serein
Ce nauire odieux paroist encor à plain !
Tu t'en fuis donc, Belcar, ta larronnesse fuite
Entraine mon amour & ma vie à ta suitte ;
Tu t'en vas, ô voleur ! m'emportant tout mon bien,
Toy qui m'es obligé de toy-mesme & du tien :
Ingrat, tu fais mourir celle qui t'a faict viure,
Tu deslaisses, cruel, celle qui pour te suiure
Deslaissoit librement sa natale maison,
Ses grandeurs, ses amis, & son pere grison !
Est-ce donc pour t'auoir de l'infame coignée
Récous si dextrement, que tu m'as desdaignée ?
Est-ce pour auoir faict plus d'estime de toy
Que du droict de naissance & de toute autre loy ?
Ame teinte de fard, perfide & Theseane,
Qu'esperes-tu gaigner en perdant Meliane ?
Girouette d'Amour, tu crois que le changer
Donne quelque aduantage à ton esprit leger ;
Mais va, que des grands Dieux la iustice infaillible

TRAGICOMEDIE. 189

T'en donne vn repentir auſsi vain que terrible.
Cours, traitre, à ton malheur, va querir vagabond
Vne exemplaire fin, loyer de ce faux-bond :
Et toy, non plus ma ſœur, mais ma riuale infame,
Que le Ciel tout-voyant, qu'en ayde ie reclame,
Te rende vn pareil coup que tu m'oſes preſſer,
Puis qu'vn plus affligeant ne ſe peut ſouhaitter.
 O monſtres infernaux ! fantoſmes du Tenare!
Eumenides fureurs hoſteſſes du Tartare,
Toutes approchez-vous, ramenez chez les morts
Ceſt enfer de tourmens qui m'anime le corps !
Quoy ? vous tardez encor ! ma vie eſt prolongée
Pour accroiſtre les feux dont mon ame eſt rongée?
Donc feux de ialouſie & d'enragé courroux,
Embraſez-moy du tout, ie m'abandonne à vous.
 O double deſeſpoir dont ie me ſens pourſuiure,
Ne pouuant eſperer de mourir ny de viure !
Car bien que dans mon cœur ſoit né par ceſt effort
De la mort des deſirs le deſir de la mort,
Ie vis malgré moy-meſme, ainſi me puis-je dire
N'obtenir iamais rien de ce que ie deſire.
 O mer, amere mere à la mere d'Amour,
Conuerty mon amant à prendre le retour,
Monſtre à ceſt inconſtant l'inconſtance des ondes,
Deſcouure-luy l'Enfer de tes grottes profondes,
Fay blanchir hautement les beliers de tes flots,
D'vn naufrage apparent fay peur aux matelots,
(Ie n'oſe dire à luy, car il n'eſt pas croyable

Qu'il devienne peureux pluſtoſt que pitoyable.)
　Bref, montre-toy cruelle enuers ſa cruauté,
Et ſois-luy deſloyalle en ſa deſloyauté,
Pour voir s'il cognoiſtra dans ta iuſte colere,
Qu'aux Dieux plus rigoureux ſa rigueur ne peut plaire.
　Reuien, Prince, où vas-tu? ſans ta moitié? ſans moy?
De moy n'as-tu plus ſoin, i'en ay tant eu de toy?
Retourne, & ie croiray que la vieille traiſtreſſe
A ſuppoſé Caſſandre au lieu de ta maiſtreſſe;
Du moins ſi ton retour ne te ſemble pas ſeur,
Qu'vn meſſager t'excuſe en ramenant ma ſœur.
La chalouppe qui ſuit a ta pouppe attachée
Dés le dol recognu deuſt eſtre deſpeſchée;
Tu peux encor à temps eſteindre mon ſoupçon:
Mais, las! homme obſtiné d'vne & d'autre façon,
Ie voy ton double rapt, tes voiles qui s'eſloignent
De ton conſentement la malice teſmoignent.
　C'eſtoit donc, impoſteur, pour me faire vn tel tour
Que tu voulois cueillir la fleur de mon Amour,
Tu t'eſtois donc promis que ie ſeroy ſi folle
Que de fonder l'Hymen ſur ta ſimple parole,
Et qu'eſtant Tyrienne auſſi bien que Didon,
Comme elle ie metiroy l'honneur à l'abandon?
Heureuſe en mes malheurs, que parmy ma ſottiſé
I'ay touſiours reprimé ta ſale conuoitiſe!
O Satyre impudent, ton infidelité
Triomphe en moy de tout fors de la chaſteté.
Ie meurs, tu l'as voulu, mais ie meurs impolluë.

TRAGICOMEDIE. 191

Doncques puis qu'à la mort me voila resoluë,
Renforce-toy, mon cœur, considerons là bas
Le plus commode endroit pour vn soudain trespas.
O Dieux! que voy-je là? quel horrible spectacle
A mon tombeau choisi sert encore d'obstacle!
C'est Cassandre elle mesme, on la cognoist d'icy :
Souuerain Iupiter, d'où peut venir cecy?
N'est-ce pas vn prestige? il semble que ie songe;
Non, non, ie ne dors point, ce n'est pas vn mensonge
Helas! c'est ma sœur morte, & mon œil d'assez pres
De son visage pasle apperçoit tous les traits.
Mais auant mon decez si me la faut-il ioindre
Pour voir si ma douleur en sera pire, ou moindre

SCENE IV.

PHARNABAZE. MELIANE.

Pharnabaze.

Qv'icy chaqu'vn s'arreste & me laisse auancer
Ma promenade libre, ainsi que mon penser,
Mon mortel creue-cœur n'aura point d'allegeance.
Qu'autant que ie verray prosperer ma vengeance.
Fauorable Neptun, mon heur despend de toy,
Car ton calme riant met mon esprit au coy :
I'ay des rames en mer, Belcar n'a que des voiles.

Par là ce grand chasseur, pris dans ses propres toiles,
Sçaura que les plus fins se trompent bien souuent,
Mais estoit-il bien fin de s'asseurer au vent ?
Meliane.
Que puis-je deuiner, ô Monarque celeste ?
Qu'ay-je-là de certain qui ne me soit funeste ?
Ce corps nouueau sorty de l'humide element
S'est puny par soy-mesme, ou bien par mon amant !
Mourons, quoy qu'il en soit.   Pharnabaze.
                    Vn cry sous ceste roche
M'a saisi d'vn sursault, il faut que i'en approche.
Meliane.
Ie ne crains pas icy qu'vn passant curieux
Soit tesmoin contre moy de l'oreille ou des yeux.
Pharnabaze.
Ie cognois ceste voix, n'est-ce pas ma cadette ?
Meliane.
Il faut, il faut mourir, la place est bien secrette ;
O Cassandre ! le Ciel me punit comme toy,
Ciel cruel ! toy meschante ! & malheureuse moy !
Pharnabaze.
Quels discours sont-ce-là ?   Meliane.
                    Poignard, tu veux peut-estre
Attendre pour sortir le congé ton maistre,
Mais au deffaut de luy, pren-moy pour respondant
Que ce tien second coup vaut bien le precedent.
Pharnabaze.
Holà, ie tien ton bras, ô carnaciere louue,

Des nuitales fureurs la pire qui se trouue !
A l'ayde, accourez tous. O rages des Enfers
Quel comble vous donnez à mes trauaux soufferts !
Quels prodiges affreux accablent ma famille !
Empoignez-moy ce monstre, helas ! ma pauure fille
Au moins si tu pouuois en ce piteux estat
Declarer le motif d'vn si grand attentat.
Non ces membres transis & ce blesme visage
Me font voir que ta langue a perdu son vsage,
Et ces yeux ombragez nagueres clairs soleils,
Au Soleil esclypsé sont deuenus pareils ;
Ie n'apprens rien de là qu'vn effect desplorable
Dont tu diras la cause, ô Megere execrable :
Mon cœur bondit & creue à ce funeste objet,
Enleuez-le d'icy. Toy dy-moy le subjet,
O traistresse Medée ou toute horreur reside,
Quel pretexte auois-tu pour vn tel parricide ?
Quoy tu ne diras mot ? ton orgueilleux desdain
Croit-il bien excuser ceste sanglante main ?
Barbare Lestrigonne ! ah ! qu'vne ame enragée
Souuent soubs vn beau corps se rencontre logée !
Ainsi dessous l'esmail d'vn florissant gazon
Creuse vn mortel aspic son infecte maison.

   Elle ne s'esmeut point ie croy qu'elle se mocque,
Tu parleras tantost : sus que l'on me conuocque
Mes iuges souuerains afin que promptement
On satisface au meurtre encore tout fumant.

N

SCENE V.

ABDOLOMIN. THAMYS.

Abdolomin.

Donc ie perds mon Belcar! la faulx qui tout terrasse
Retranche, moy viuant, le dernier de ma race !
O Dieux ! quelle rigueur ! si le Prince de Tyr
S'est ietté dans vn piege en deuray-je patir ?
Qui pourroit seurement d'vn homme estre la garde,
Si luy mesme à soy-mesme auec soin ne regarde ?
En puis-je mais s'il a son peril recherché,
La nuict à mon insçeu, ieune homme débauché ?
Qu'ay-je peu faire plus sinon qu'en diligence
I'ay sur les assassins exercé la vengeance ?
Quant à l'autheur du mal ie l'enuoye en ses mains,
Celuy-là qu'il le liure aux bourreaux inhumains,
Que son orage tombe & que son fiel se créue
Sur ce perturbateur, cét infracteur de tréue :
Mais faut-il que la peine, ô iugement cruel !
Redonde à mon enfant comme vn coup mutuel ?
Ah ! sauuage raison dont ce tigre me paye !
Puis qu'il n'a plus de fils qu'il ne veut que i'en aye
Puis qu'ils auoient en guerre esprouué mesme sort,
Qu'ils doiuent estre égaux, compagnons à la mort

TRAGICOMEDIE.

Las! ie m'en doutois bien, qu'vne humeur furieuse
Procederoit touſiours par voye iniurieuſe :
Encor ſi pour vn peu ſa rage retarder
Baloste aſſez à temps y pouuoit aborder;
Mais las! il eſt ſi prompt qu'à peine a-t'on peu faire
Qu'il n'ait donné curée à ſa main ſanguinaire;
A peine a-t'il ſurſis qu'autant de temps qu'il faut
Pour dreſſer la ſentence auecque l'eſchaffaut.
 Ceſſez, ô Dieux, ceſſez d'appuyer ma foibleſſe,
Puis que ie perds, helas! mon ſouſtien de vieilleſſe.
He! hé! que ne viens-tu, fauorable Atropos,
Conuertir à ce coup ma langueur en repos!
Mais quel homme eſt-ce-là que mes gardes conduiſent?
La haſte & l'alaigreſſe en ſa mine reluiſent.

Thamys.
O Roy que chaſqu'vn tient pour miroir de bonté,
Mon trauail vous plaira quand ie l'auray conté.

Abdolomin.
Dictes donc, mon amy.   Thamys.
      Reſioüiſſez-vous, Sire,
Le grand Belcar eſt libre, & ie vous le viens dire.

Abdolomin.
O Iupiter! comment?   Thamys.
      Moy ie l'ay mis dehors
En perte de mes biens, en danger de mon corps.

Abdolomin.
La perte richement vous ſera reparée.

Thamys.

Il estoit sous ma garde en prison bien murée,
L'amour & la pitié d'vne Infante de Tyr
M'ont induit en secret à le faire sortir.

Abdolomin.

Où l'auez-vous laissé? Tha. *Dans vne bonne barque*
En habit déguisé craignant qu'on le remarque,
Enfin il est sauué vous l'aurez auiourd'huy,
Mais faictes qu'vn escorte aille au deuant de luy.

Abdolomin.

O iour plein de bonheur & de resiouissance!
O qu'à propos le Ciel protege l'innocence!
Allez vous rafraischir cheualier genereux,
Ie m'en vay donner ordre à son abord heureux.

SCENE VI.

PHARNABAZE. Les Iuges. PHVLTER.

Pharnabaze.

IE vous ay tous mandez, ô chefs de ma iustice,
Pour estouffer ce monstre animé de malice,
Non pour ioindre à son crime vn tourment tout egal,
Car ses sens ne pourroient souffrir à tant de mal,
Mais pour succinctement m'en faire la dépesche,
Ie ne dis point pourquoy, la douleur m'en empesche.

Les Iuges

Ou d'vn mot absolu sans nos voix employer,
Sire, il faut, s'il vous plaist, à la mort l'enuoyer,
Ou si, comme en tout temps, l'équité vous commande
Exposez les raisons de vostre ire si grande;
Lors nous mettrons bien-tost les bonnes en alloy,
Prouuans l'or de Iustice au creuset de la loy,
Nous ne condamnons point sur des plaintes legeres
Ny les filles de Roy, ny les simples bergeres.

Pharnabaze.

Or bien ie ne prens point pour reigle mon couroux,
Comme vn accusateur ie parle deuant vous,
Non comme vn souuerain, comme vn pere en furie
Ayant sur ces enfans droict de mort & de vie;
Ie ne requiers de vous despoüillant mon pouuoir,
Que le commun credit qu'vn tesmoin doit auoir,
Ne l'oseroy-je dire? elle osa bien le faire:
Donc quelle extremité d'vne peine exemplaire
N'est point deuë à ce corps? qui d'vn bras aggresseur,
Sans cause & de sang froid à massacré sa sœur?

Iuges.

Il faut de la rigueur si la chose est prouuée.

Pharnabaze.

Ie ne dis rien par cœur, ie l'ay, ie l'ay trouuée,
Et tous ceux de ma suitte en ont eu quant & moy
Tout le poil herissé de merueille & d'effroy.

Iuges.

Confessez-vous le fait. Mel. *Ce qu'il plaist à mon pere*

Est iuste à mon égard. Pharnabaze.
L'innocente vipere!
C'est donc mon seul plaisir, non ton crime infernal,
O iouet d'Alecton, qui te fera du mal?
Iuges.
Mais parlez franchement, éuitez la torture.
Meliane
Dequoy vous seruiroit vne enqueste plus dure?
Ie suis digne de mort, que demandez-vous plus?
Pharnabaze.
Vous prodiguez le temps en discours superflus:
Sus, allez, ie le veux, que la teste on luy oste,
Où s'est commis le meurtre, entre l'onde & la coste.
Phulter.
Helas! escoutez-moy, Monarque redouté,
L'iniustice est souuent dans la seuerité;
Gardez-vous de punir de son forfait extréme
Ceux qui n'en peuuët mais, vos suiects & vous mesme,
Car estant vostre sang elle nous touche à tous:
Pensez au nom de Pere, ah! Sire, il est si doux.
Pharnabaze.
Pourquoy ne pensoit-elle à celuy de germaine?
Phulter.
Faut-il qu'aux cruautez son exemple vous meine?
Pharnabaze.
Il faut faire aux cruels selon leur cruauté.
Phulter.
Au fonds, perte sur perte est tousiours pauureté.

TRAGICOMEDIE. 199
Pharnabaze.
Perdre vn enfant perdu c'est gain plus que dommage.
Phulter.
Que l'egard de l'Estat touche vostre courage,
Par la race des Rois les peuples sont en paix.
Pharnabaze.
C'est la paix d'vn Estat de punir les méfaits.
Quoy ? qu'vn iour apres moy ceste main parricide
Portant la verge d'or sur mon throsne preside ?
Que ce front effronté iuste proye à corbeau
S'esleue à mon aueu sous ce royal bandeau ?
Que d'effroyables cris, les manes de Cassandre
Taxent mon indulgence à l'entour de sa cendre ?
Que le monde en soit plein, qu'vn vulgaire effrené
Imite par licence vn mal non condamné ?
Abus, elle mourra, ie seray sans lignée,
Mais ie verray d'ailleurs ma gloire prouignée,
Repeuplant ma famille, & de sages beautez,
Et d'esprits courageux en enfans adoptez.
De vray, non pas si bien qu'en Cassandre & Leonte,
Mais mieux qu'en ceste folle engendrée à ma honte.

X iiij

ACTE CINQVIESME.

SCENE I.

Pharnabaze. L'Admiral. Almodice.

Pharnabaze.

Doncques le sort cruel contre moy mutiné,
M'a repris tout à coup ce qu'il m'auoit donné,
Ne me laissant de tout que le sceptre & la vie,
Fardeaux trop importuns quand la ioye est rauie!
Que sçauroy-je plus craindre, ou que puis-je
    esperer?
A qui, mal-encontreux me doy-je comparer?
Prendray-je pour patron la Reyne de Pergame,
Qui perdit à sa veuë, auant que perdre l'ame,
Tant d'enfans estimez en merite & valeur?
Non, non, son braue Hector mourant au champ
    d'honneur
Est bien auantagé sur mon pauure Leonte,
Qui traine auec sa mort vne espece de honte.
Et les cendres d'Achille excusoient la rigueur

Que sentit Polyxene en la main d'vn vainqueur,
Cassandre & Meliane ont leur fin plus amere,
L'vne és mains de sa sœur l'autre és mains de son
    pere,
Ainsi d'vn pareil mal les regrets sont plus grands,
Car l'outrage cuit plus quand il vient des parents:
Qu'aiourd'huy ma maison de prodiges fourmille!
Donc pour venger ma fille, il faut perdre ma fille,
Pieté! cruauté! vous tenez mesme rang,
Ie ne puis expier mon sang que par mon sang,
Et ne puis tesmoigner, sans estre parricide,
Que l'amour paternelle en mon ame reside.
Voicy mon Amiral, & bien qu'auez-vous fait.
L'Amiral.
Sire, vn petit voyage auec petit effect,
Ie voy ma diligence & ma peine frustree
N'ayant que ceste vieille au vaisseau rencontree,
Sitost que de ma chiorme à grand' force de bras,
I'ay leur nauire attaint & crié voile bas,
Tout les nochers ensemble apprehendans vostre ire,
Ont mieux aymé la mort dans les vagues estre,
Et d'vn sault volontaire aualer à longs traits
Le flot qui boüillonnant les couuroit tost apres.
Pharnabaze.
Qu'est deuenu Belcar?   ### L'Amiral.
                      Almodice le cele,
Les morts & les poissons m'en ont dit autant qu'elle.

Pharnabaze.

Sus, que ce corps hideux en fonds de fosse enclos,
Aux tortures soit mis, qu'on luy brise les os,
Car elle a pour certain, d'auarice enflammée,
Iointe auecque Thamys, la trahison tramée.

Almodice.

Sire, auant que ie meure entendez pour vn coup
Vn discours de ma bouche important de beaucoup.
Non, non, ie ne veux point de mes grands malefices,
Par quelque subterfuge euiter les supplices,
Ie sçay qu'ils me sont deubs, si vous les differiez,
Par excez de clemence iniuste vous seriez :
Pleust aux Dieux que deuant ces dures destinées
Vous eussiez & surpris & puny mes menées!
Ma Cassandre n'auroit malgré mon vain secours
Planté de sa main propre vne borne à ses iours.

Pharnabaze.

Comment ? de sa main propre ? eh ! voila sa germaine,
Qu'attainte de ce crime au supplice on emmene.

Almodice.

Mon Roy, que dites-vous ? ah ! quelle fausseté
Auroit sur Meliane vn tel soupçon ietté ?
Las ! vous allez sçauoir qu'elle en est innocente.

Pharnabaze.

Est-il vray ? courez donc par la proche descente,
Preuenez ce malheur, diligentez, allez,
Amis, efforcez-vous, despeschez, mais volez,
Qu'on ne passe pas outre : helas ! que i'ay de crainte,

TRAGICOMEDIE. 203

De retirer en vain mon bras apres l'attainte!
Malheureux, qu'ay-ie fait! & quelle illusion
M'a rendu trop seuere à ma confusion!

Almodice.

Oyez donc, s'il vous-plaist, permettez que ie die
De la source à la fin toute la tragedie.

Belcar se guarissoit, ses vlceres fermez,
Auoient repeint sa ioüe & ses yeux r'allumez
Or depuis quelque temps deux sagettes dorées,
(Outils de sympathie) auoient esté tirées
Pour ioindre des deux parts au ioug de Cupidon,
La Cyprine de Tyr & le Mars de Sidon.
Desia de leurs regards la guerre mutuelle
Attaquoit l'escarmouche aspre & continuelle:
Moy qui les surueillois d'vn esprit clair-voyant,
Ie descouuris bien-tost cet amour flamboyant,
Et fis tant que i'appris leur promesse iurée,
Et qu'ils n'auoient qu'vne ame en deux corps separée.

Lors prenant vn augure, (helas! trop mensonger,)
Qu'vn bien sortable Hymen pourroit vn iour ranger
Deux peuples ennemis en heureuse concorde,
Libre mon entremise à leur ayde i'accorde,
Attendant vostre aueu qui nous sembloit aisé:
Mais, ô dur changement dont le tout fut brisé,
Quand le decés du frere estonna nostre oreille,
Vous faisans destiner Belcar à la pareille!
Seconde affliction qui l'autre surpassa,
Et qui presques à mort la Princesse blessa:

Comme rien ne pouuoit consoler ceste amante,
Ie pratique vn remede au dueil qui la tourmente,
C'est que par mon addresse au moyen de Thamis,
Amorcé des appas d'vn grand loyer promis,
Le Prince desgüisé secrettement s'éuade
Et sans estre cognu se transporte à la rade.
  Meliane voulant mesme risque encourir
S'attendoit qu'en secret ie la vinsse querir;
Mais las! ie rencontray ma fille son aisnée
Laschée au desespoir, à se perdre obstinée,
Et comme, depuis peu, ie sçauois que son mal
Estoit pour mesme obiet vn amour corriual,
Ie senti réueiller, en faueur de Cassandre,
Mon deuoir obligé dés son aage plus tendre,
Si bien qu'à l'heure mesme afin de l'appaiser,
Ie l'allay pour sa sœur dans la nef supposer.

L'Amiral.

Traistresse conscience! enorme tromperie!

Almodice.

Il semble qu'au partir chacque element nous rie,
Nous auions leué l'anchre, & nos voiles tendus
Sont d'vn vent à souhait ronds & fermes rendus,
La terre au branslement dont l'onde nous balance
Semble nous dire adieu faisant la reuerence,
L'eau se fend sous la prouë & d'aZur & de blanc,
Fait des rideaux plissez à l'vn & l'autre flanc,
Mais le malheur bien-tost vint à iouer son roolle,
Arrestant nostre cours par le deffaut d'Eole.

TRAGICOMEDIE. 205

Nous n'estions gueres loing quand le Prince amoureux
D'accoster sa maistresse ardemment desireux,
Quittant le faulx habit à tous se fit cognoistre,
Armé de tous costez, pour se rendre le maistre :
Il entre en un lieu sombre ou seulette attendoit
La timide Princesse autre qu'il ne cuidoit,
Qui tremblante met bas son voile du visage
Et tombant à ces pieds begaye en ce langage :
A ta discretion grand Belcar me voicy,
Belcar qui iusques là plus qu'un marbre endurcy,
As-tousiours mesprisé, tousiours mis en arriere,
De mes foibles attraits la muette priere.
Me voicy deuant toy qui desire à ce iour,
Gaigner d'un coup de sort ou la mort ou l'amour,
Prens ma virginité ie te l'ay destinée
Rien n'est de mieux acquis qu'une chose donnée :
Helas ! si ma beauté n'est digne d'amitié,
Pour le moins ma constance est digne de pitié,
Quoy ? l'obligation que tu m'as de ta vie
D'un simple accueil riant ne sera pas suiuie ?
 Comme on voit quelquefois un ieune passonreau
Le soir dans la forest recherchant son taureau,
Destourner son chemin d'un Lyon qu'il auise,
Et perdre pallissant sa premiere entreprise :
Ainsi frappé d'effroy le Prince recula,
Puis tirant le poignard en ces termes parla :
O Cassandre de nom, de mœurs pire qu'Helcine,
M'ayant ainsi trompé, qui me garde vilaine,

De chaſtier ta fraude & ta laſciueté?
Va, ce n'eſt pas ton ſexe ou ton humilité:
Tu dois remercier quelques traits de viſage,
Que tu tiens de ta ſœur, bien plus belle, & plus ſage,
Ie te pardonne à toy, mais ce crapault infect
Ta fauſſe conſeillere en ſentira l'effect.
Lors me penſant trouuer il ſort de la chambrette,
Mais en vn lieu ſecret t'auoy fait ma retraitte.
Luy donc, impatient, apres m'auoir cherché,
Ayant entre ſes dents ſon courroux remâché,
Du rebord de la pouppe il ſaulte en la patache,
Tranchant du cimeterre vn chable qui l'attache,
Puis il ſe rend forçat & dans les aiz caueƶ
Exerce à plus de reins deux auirons trouuez.
Son eſquif gliſſe loing de chacque tour de rame,
Si ne fuit-il du corps ſi viſte que de l'ame:
Il vole toutesfois, le temps mol & ſerain
Qui nous tient en arreſt luy tend comme la main.
 Elle, puis que ſes pleurs, ſes cris & ſa pourſuitte,
Ne pouuoient arreſter ſi merueilleuſe fuite,
Tournant l'œil de trauers, le teint haue & plombé,
Recueillit le poignard de fortune tombé:
A tort, dit-elle, à tort, de ta rigueur extréme
Ie me plaindrois, Belcar, puis qu'en ta rigueur meſme,
Oſtant à mes douleurs tout eſpoir de guarir,
Au moins tu m'as donné le moyen de mourir.
O Dieux, ô feux du Ciel, ô Fortune contraire,
Voila le dernier mal que vous me ſçaurez faire.

SCENE II.

Vn Archer de Tyr. Vn Soldat.

L'Archer.

PLace, place Meſſieurs, ô malheureux office!
Que ne ſuis-ie expoſé moy-meſme en ſacrifice!
Quel courage de fille! helas le cœur me fend;
Vous diriez qu'elle vient en vn char triomphant.
Soldat.
Archer, dy-nous vn peu, d'où vient qu'vne ſentence
Prend vn delay ſi court en vn fait d'importance?
L'Archer.
Du iugement ſuccinct, vn mandement Royal,
Seul excuſe la haſte & ce qu'il a de mal.
Mais en le prononçant les Iuges plus ſeueres
Ne pouuoient eſpargner leurs pleurs à nos miſeres:
La ſeule patiente en ſon geſte, en ſon œil
Portoit la grauité beaucoup plus que le dueil,
Sinon qu'ayant la Court humblement ſuppliée
De mourir clair-voyante & n'eſtre point liée,
Ayant ce paſſe-droit; Meſſieurs, dit-elle alors,
I'auray libre en mourant l'eſprit comme le corps:
Auſſi que ſeruiroient ny bandeau ny contrainte?
I'embraſſe mon deſtin ſans regret & ſans crainte:

(Vous le pouuez bien voir, les signes en sont grands)
C'est grace neantmoins, graces ie vous en rends.
Soldat.
Ah! la voicy qui vient, voyez comme elle monte,
Franchement ces degrez & d'vne alleure prompte ?
Diriez vous à la voir qu'elle ait tant fait de mal?
Paix là, prestons l'oreille, elle fait vn signal.
Meliane.
Peuple qui me perdant perdez plus que moy-mesme,
Et qui m'aymez tous mieux qu'auiourd'huy ie ne
    mayme,
I'ay cessé de m'aymer quand i'ay perdu l'amour
Qui me faisoit aymer & moy-mesme & le iour,
Apprenez assistans, que c'est mon seul silence
Qui m'a de ce trespas causé la violence :
Ie pouuois euiter au sein d'vn autre port,
Qu'en celuy de Charon, la tempeste du sort,
Mais desirant perir, qu'elle iuste puissance
Doit preceder en moy l'Autheur de ma naissance?
Puis que ma fin luy plaist l'auroy-ie point à gré,
Veu que ie suis rebelle à son throsne sacré ?
Car i'ay sauué Belcar, & suis cause qu'en suitte
Ma miserable sœur à la tombe est reduite,
Mais las! non par ma main, n'imputez point amis
A mon renom futur vn tel acte commis,
Il faut ou qu'elle mesme ait retranché sa vie,
Ou peut estre celuy qui nous l'auoit rauie,
Le temps qui donne iour à toute verité,

Mettra

TRAGICOMEDIE. 209

Mettra mon innocence en plus grande clarté:
Ce que i'en dis suffit pour n'estre diffamée,
Mais pour fuir la mort ie l'ay trop reclamée.
　Toy donc, executeur du coup de mon repos,
Tâche de le passer net & bien à propos,
Monstre-moy comme il faut agencer ma posture
Pour donner à mon ame vne prompte ouuerture.
Pauure homme, pleures-tu? te desplaist-il à toy,
De suiure mon desir & le plaisir du Roy?

Belcar.

Arrestez, arrestez, peuple, faites-moy place,
Qu'auant m'auoir oüy plus auant on ne passe.

Meliane.

Quel est ce nouueau bruit? que voy-ie là, bons Dieux?
Quel prestige incroyable est offert à mes yeux!
N'est-ce pas là Belcar? c'est luy-mesme, ou ie réue.

Belcar.

Archers, ne craignez rien, tenez, ie rend mon glaiue,
Ie ne viens pas icy pour faire quelque effort,
Mais pour entre vos mains recognoistre mon tort:
Ma vie est pour ma Dame vne rançon capable,
Car du fait pretendu ie suis le seul coulpable,
Ie merite la place où sans sujet elle est,
De mourir auec elle ou pour elle estant prest.

Meliane.

Messieurs, n'empeschez point ce Prince miserable
Qu'il ne donne & reçoiue vn adieu déplorable.
Quelle rage, ô Belcar, t'a peu donc inciter,

O

Estant hors du peril, de t'y precipiter?
Belcar.
Mais, ma Reyne, plustost, qui vous fait condescendre
D'auoüer comme vostre vn crime de Cassandre?
Vn crime des plus noirs, & des plus inhumains,
Qu'elle a par desespoir faict de ses propres mains?
Ie l'ay sçeu, ie l'ay veu, lors que l'ayant quittee,
Elle s'est de plain sault dans les vagues iettee,
M'ayant auparauant par signes menacé
De s'enfoncer au sein mon poignard amassé.
Cependant c'est le mal qu'à tort on vous impose,
Que vous peut-on d'ailleurs imputer autre chose?
Si l'on ne vous punit que pour m'auoir sauué,
Qu'on me remette aux fers, me voila retrouué:
Ie suis, & non pas vous, s'il faut vne victime,
A Leonte & Cassandre offrande legitime.
Meliane.
Belcar que vous diray-ie? auant que repartir,
Faites-moy franchement de mes doutes sortir.
Est-ce le mouuement d'vn amour veritable,
(Amour qui soit resté tousiours solide & stable)
Auiourd'huy resolu de me donner secours,
Ou de ioindre à ma fin le terme de vos iours,
Qui vous fait innocent venir en confiance?
Ou bien est-ce vn remords de vostre conscience?
Est-ce, dis-ie, vn regret, vn flambeau de fureur,
Qui des Dieux irritez vous donnant la terreur?

Vous force à satisfaire aux pieds de l'offencee?
A ma bonté trahie? à vostre foy faussée?
Car bien qu'à vous & moy l'vn ny l'autre motif
N'apporte qu'vn remede inutile & tardif,
(L'arrest de mon supplice estant irreuocable,
Et la hayne du Roy contre vous implacable)
Les malheurs neantmoins communs entre nous deux
N'auront vne autre face, vn aspect moins hideux,
Si dans la trahison dont ma sœur m'a trompée,
Vostre fidelité n'a point esté trempée:
Car nous serons contens dans les champs Elysez,
Et ne verrons iamais nos Manes diuisez,
Au lieu que vous sçachant meslé dans cette trâ-
  me,
Ie veux estre aux enfers le fleau de vostre ame.

Belcar.

Ma Deesse, eh! comment, cet iniuste soupçon,
Vous a-il peu seduire en aucune façon?
Que i'eusse à vous, Madame, vne autre preferée,
Vne autre qui iamais ne vous fut comparée?
Qu'en mon amour si franc & si bien estably,
Auroit peu se glisser le mespris & l'oubly?
Quel tort fait à ma flamme! & quelle iniure encore
Faite à vostre beauté qui son pouuoir ignore!
Sçachez que vos liens sont aussi forts que doux,
Et que pour desbaucher vn cœur aymé de vous,
Ie ne sçay si Venus seroit mesme assez belle;
Aussi les immortels tous en ayde i'appelle,

Dieux d'enhault & d'embas de Iustice conjoints,
Qu'ils soient de ma franchise & iuges & tesmoins.
O courriers de Neptune & filles de Nerée,
Errantes deïtez de la plaine azurée,
Auec quel zele ardent vous ay-ie protesté
Que i'auois le cœur net de ceste lascheté,
Lors que dans ma nacelle à route vagabonde
I'allois comme vn plongeon dansant au gré de l'onde?
Phulter.
Grace, grace, ouurez-vous, grace de par le Roy,
Madame, descendez.   Meliane.
              Vous moquez-vous de moy?
Phulter.
Non, non, Madame, non, le Roy vous donne grace,
Il meurt s'il ne vous voit & s'il ne vous embrasse:
Il est desabusé, despoüillé de courroux,
A bonne heure ie viens, pour luy, mais pour nous tous.
Meliane.
Sa grace estoit tardiue, & seroit encor vaine,
Sans Belcar que le Ciel à mon secours ameine,
Car s'il ne m'eust tiré les espines du cœur,
Ma douleur eust tourné ceste grace en rigueur.
Mais puis que ce beau Prince a leué tout l'ombrage
Qui m'auoit contre luy troublé iusqu'à la rage,
Phulter, allez deuant, dites-luy le premier
Que ie luy vay tantost rendre son prisonnier;
Cependant n'ostez point cet appareil funeste,
Car pour ma deliurance encor vn point me reste.

TRAGICOMEDIE. 213

Ca que de mes deux bras ie t'aille enuironner:
Que n'ay-ie vn myrte en main propre à te couronner !
O mon parfait amy, ma mefiance fauffe
De ta fidelité le merite rehauffe,
Baife-moy mille fois, ma ioye en fa grandeur
Comme vn petit objet meffprife la pudeur.

Belcar.

Souuerains directeurs de la fortune humaine,
A quel comble de bien mon mal paffé m'ameine?
Qu'eft-ce qui peut encor manquer à mon defir?
Si ie meurs auiourd'huy ie mourray de plaifir,
Ouy, ie mourray content, ma Dame eftant fauuée,
Ma conftance cognuë & la fienne efprouuée.

Meliane.

Ne parle plus de mort, nous mourrons s'il le faut,
Ie te ferois compagne en ce mefme efchafaut:
Mais ie croy que mon pere auroit le cœur d'vn Scythe,
Si noftre amour fi rare à pitié ne l'incite.

Belcar.

Quoy qu'il ait le cœur dur, i'efpere que le mien
Vaincra par patience & tout autre & le fien.
Defia l'Ambaffadeur qui mon abord precede,
Du meurtre & du foupçon que fon ame poffede
Aura iuftifié tant mon pere que moy,
Par l'autheur du méfait, tefmoin digne de foy.

O iij

SCENE III.

L'ADMIRAL.

IE voulois de ce pas sur le havre descendre,
Mais tout court ie reuiens pour au Conseil me rendre.
Le Roy, comme on m'a dit, a fait en son chemin,
Rencontre d'vn Seigneur de chez Abdolomin,
Qui bien accompagné d'hommes & de creance,
Vient en temps à propos pour auoir audience,
Estant sa Majesté ioyeuse de sçauoir
Meliane encor viue & preste à le reuoir :
De sorte qu'à present ils sont en conference,
Qui me fait d'vn accord conceuoir l'esperance,
Par lequel nous pourrons voir encor vne fois,
Iusqu'au large Ocean, Tyr estendre ses loix,
Ces amans heritiers chaqu'vn d'vn diadéme,
Tous deux pleins de merite, & pleins d'amour extrème
Pourroient-ils mieux choisir & mieux s'apparier
Pour auec la vertu la grandeur marier ?
Tu défis ton bandeau quand par toy fut tirée
Vne si iuste flesche, ô fils de Cytherée.
Ou comme à Tiresie vne faueur des Cieux
Te rendoit clair-voyant l'esprit au lieu des yeux :
Ou si c'est par hazard, à ce coup on peut dire
Que celuy qui moins vise est celuy qui mieux tire.

TRAGICOMEDIE. 215
Ie vay donc assister à ce qu'on resoudra
Mon Maistre, s'il me croit, retif ne s'y rendra.

SCENE IV.

SOLDATS de Tyr. MESSAGER.

Soldats.

TV nous estonnes fort de si rare nouuelle,
Miracles mutuels d'vne amour mutuelle !
Belcar à Meliane est donc quitte auiourd'huy,
D'elle il tenoit la vie elle la tient de luy.

Messager.

Mais bien plus que iamais tous deux ils s'entredoiuent,
Les plaisirs qu'ils se font nul acquit ne reçoiuent,
En serrant des deux parts le nœud se fait estroit,
Le desir d'obliger en obligeant s'accroit.

Soldats.

Sont-ils seurs que le Roy dépité de ses pertes,
Ne donne vn mauuais comble à leurs peines souffertes,
A peine pourra-il pardonner à tous deux,
Mais qui mouuoit ce Prince au retour hazardeux ?

Messager.

Vn violent Amour qu'à peine peut-on croire,
Quelqu'vn de ses suiuans m'en a conté l'histoire.
Au point que sans espoir & sans force rendu,

O iiij

Au fonds de sa chalouppe il dormoit estendu,
N'ayant autre dessein que d'attendre la brune,
Pour aller prendre terre au pied de quelque dune,
Droit à luy s'adressa la route que tenoit
Vn royal Galion qui de Sidon venoit,
Dans lequel vn Seigneur qu'ils appellent Balorte,
Est chargé d'ambassade & de preuue tres-forte,
Pour du fait de Leonte esclaircir nostre Roy,
Liurant l'autheur du mal, tesmoin digne de foy.
  Belcar s'éueille au bruit des flots & des paroles,
Et s'escrie, au secours, voyant leurs banderoles:
Iugez quelle alaigresse alors qu'il fut cognu,
Et comme entre ses gens il fut le bien-venu:
Mais il rabattit bien de leur resiouïssance,
Lors qu'ayant de son pere entendu l'innocence,
Et de l'Ambassadeur tous les secrets appris,
Il fit continuer le voyage entrepris.
Car ny fortes raisons, ny prieres, ny larmes
De ce vieil Capitaine & de tous ses gendarmes
A genoux deuant luy, ne peurent diuertir
Cet amant obstiné de retourner à Tyr.
Non, non, dit-il, amis, quand i'ay quitté ma Dame,
Elle a pris en depost la moitié de mon ame:
Puis qu'à nos maux communs le remede est trouué,
Là lairray-ie perir elle qui m'a sauué:
Or est-elle en danger si ce n'est qu'en personne
Ie me purge d'vn fait dont elle me soupçonne,
(Encor ay-ie grand peur de n'y venir que tard,

TRAGICOMEDIE. 217

Et qu'elle ait auancé ses iours dés mon départ)
I'encourray pour ma belle au peril délaissée,
Le malheur de Pyrame, ou l'honneur de Persée.
Sus donc, voguez en haste, allons la reuancher,
Retirons, s'il se peut, mon gage le plus cher.
 Ie sçay qu'il vous desplaist qu'au Tyran ie m'expose,
Mais c'est mal conceuoir l'équieé de ma cause,
Et c'est se mesfier du destin tout puissant,
D'vn constant amoureux, & d'vn cœur innocent.
Allons au nom des Dieux, i'espere que sa rage
Ne surmontera pas ce trait de mon conrage;
Ou s'il m'oste la vie, absent comme present,
Tousiours me l'ostoit-il sa fille refusant:
Car enfin mon amour au seul dessein peut tendre
De mourir son captif, ou de viure son gendre.
 Lors il iette au pilote vn regard absolu,
Nul n'y conteste plus puis qu'il l'a resolu;
Si bien qu'il est venu iustement à bonne heure
Pour rendre à ses amours la fortune meilleure.
Car voyant au riuage vn grand peuple amassé
Autour d'vn eschaffaut tout de dueil tapissé,
Et d'vn pescheur passant ayant faict faire enqueste
Du subiect pour lequel ceste pompe s'appreste,
En quittant son vaisseau prest de surgir au port,
Il s'est faict amener luy quatriéme à bord;
Où, comme ie vous dis, son estrange arriuée,
Apportant vn delay, la Princesse a sauuée.
Moy ie suis accouru sur le point que Phulter

Au Roy s'en est allé ces nouuelles porter.

SCENE V.

PHARNABAZE. BALORTE. PHVLTER.
BELCAR. MELIANE. L'Admiral.
ZOROTE. Vn Archer.

Pharnabaze.

NOn, ce n'est pas à moy qu'on fait croire des bayes,
Pour telles fictions mes douleurs sont trop vrayes,
Il ne peut s'en purger, mesme dans son Senat,
Qu'il ne soit comme autheur de cét assassinat,
Si ce n'est par malice, au moins par negligence,
C'est pourquoy ie persiste au dessein de vengeance,
Et tant qu'vn de mes iours vn autre iour suiura,
Eternelle en mon cœur la rancune en viura.
 Toutesfois pour ce coup, puis que de son gré mesme,
Belcar se rend à moy par vne audace extréme,
Il ne sera point dit que sa temerité
Vienne comme au secours de mon bras irrité;
Ie le veux bien auoir, mais non pas qu'il se donne
Car, grace aux Immortels, i'ay la force tres-bonne,
Et n'ay que trop de peuple, auec tant de bon droit,
Pour dedans sa Sidon le reduire à l'estroit,
Et là me satisfaire & du fils & du pere,

Selon que mon humeur se trouuera seuere :
Qu'il s'en retourne donc, libre comme il estoit,
Encor le souffriray-je auiourd'huy sous mon toict.
Enuers vne ame lasche il auroit faict folie :
Mais vn cœur de Lion flatte qui s'humilie.

Balorte.

Sire, accordez-luy donc que son humilité
Paroisse toute entiere à vostre Majesté,
Et souffrez qu'en personne vn hommage il vous rende,
Pour le ressentiment d'vne faueur si grande ;
Il ne tiendra discours qui ne vous vienne à gré,
Ne luy déniez point ce front graue & sacré,
Puis que vous daignez bien sa rançon luy remettre,
Que le remerciment vous daigniez luy permettre.
De grace, ô Pharnabaze, audience à celuy
Qui s'est tant hasardé pour vous voir auiourd'huy.

Pharnabaze.

Mon ame estant pour luy d'amitié despourueuë,
Et froide & dangereuse en seroit l'entreveuë.

Phulter.

Quoy qu'il vueille de vous, que vous peut-il couster,
S'il ne vous plaist le faire, au moins de l'escouter ?
Les fonctions d'vn Iuge & d'vn Roy sont pareilles,
Sire, ils ont pour autruy des yeux & des oreilles,
Et trop de retenuë à se communiquer,
Semble quelque deffaut en vn Prince marquer.
Quoy ? le Pere d'vn peuple, & miroir d'vn Empire,
Doit-il cacher sa veuë alors qu'on la desire ?

Pharnabaze.

Bien, faites-le venir, ie puis, quand tout est dict,
M'empescher que sa voix n'ait sur moy du credit.

Balorte.

Sire, qui vous plaist-il qui cét octroy luy porte?

Pharnabaze.

Allez tous deux, Phulter, accompagnez Balorte.

Phulter.

Sortons.

Archer.

Il est là-bas, le chemin sera court.

Pharnabaze.

Enfin ce qu'il obtient c'est de prescher vn sourd,
Tant bien disant soit-il, c'est vne folle attente
Dans le dueil où ie suis d'esperer qu'il me tente:
Comme il ne peut tirer mes enfans du cercueil,
Il ne peut pas de moy tirer vn bon accueil.

L'Admiral.

Mais ie crain que d'ailleurs, ô Majesté sacrée,
L'amitié de ce Prince en Meliane anchrée,
Si vous l'esconduisez, rende vn funeste effect,
Son desespoir n'est pas adoucy tout à faict.

Pharnabaze.

Que i'y pouruoiray bien! le temps est vn grand maistre,
Ie les amuseray de parole, & peut-estre
Si ie voy fermement leur dessein persister,
Ie pourray bien enfin m'y laisser emporter:
Mais afin que plus doux le succez ils en treuuent,
Il faut que iusqu'au bout leurs passions s'espreuuent.

TRAGICOMEDIE. 221

A vous seul en secret ie declare cecy.
L'Admiral.
O prudence! ô bonté! 	Pharnabaze.
Taisez-vous, les voicy.
Belcar.
Grand Mars de nostre temps, que le Ciel pouuoit
 prendre
Pour digne successeur du sceptre d'Alexandre,
Roy terrible en puissance, & fameux en honneur,
De qui pend auiourd'huy ma vie & mon bon-heur:
Si le Dieu qui regit d'œillades souueraines
Le sort & les destins comme auecque des resnes,
Et qui du petit doigt au moindre mouuement
Peut confondre le Ciel dans le bas element,
Est tousiours fauorable aux humbles qui l'inuoquent,
Bien plus qu'il n'est austere à ceux qui le prouoquẽt:
Si ses freres & luy partageans l'Vniuers
Entr'eux mirent au lot tous leur honneurs diuers,
Fors la seule Clemence à l'aisné reseruée :
Si dans le sein de l'air sa tempeste couuée,
Effroyable d'esclairs, & de bruit estonnant,
Frappe bien quelquesfois d'vn traict tourbillonnant
Les rocs & les sapins aux orgueilleuses testes,
Iamais les tendres ioncs ny les basses genestes :
Et s'il est vray, grand Roy, que d'vn si benin Dieu
Toute humaine grandeur prend son estre & son lieu:
Si les diuins mortels que l'or d'vne couronne
D'autant de soin pesant que de gloire enuironne,

Sont fils de Iupiter & ses viuants portraits,
De sa tres-pure essence apparemment extraicts,
Il faut qu'imitateur, leur esprit participe
Aux bontez de leur pere & de leur prototype ;
Qu'inconstans en colere, & constans en douceurs,
Bienfaicteurs generaux, & rares punisseurs,
Ils ne rompent iamais les choses qui se plient,
Et ne soient endurcis à ceux qui les supplient.
  Vous doncque, ô Pharnabaze, à qui les Cieux amis
Vn Royaume opulent ont dignement sousmis,
Monarque genereux, qui de ce commun pere
Portez euidemment tout autre caractere ;
Faudroit-il qu'auiourd'huy ceste seule vertu
Vous manque enuers vn homme à vos pieds abbattu,
Qui se liurant à vous la larme à l'œil, implore
Vostre secours vnique au feu qui le deuore ?
     Pharnabaze.
Holà, tenez-vous droict, Prince, que faites-vous ?
Le rang qui vous est deu n'est pas d'estre à genoux.
     Belcar.
Ie n'ay rang que celuy qu'il vous plaist que ie tienne,
Aucune qualité ie ne repute mienne,
Qu'ainsi que vostre oracle, ou doux, ou rigoureux,
Sire, me voudra rendre heureux, ou mal-heureux.
Las ! ie ne suis plus Prince, il faut plaider ce tiltre
Contre celuy de serf, deuant vous mon arbitre ;
Puis-je rendre à vos yeux vn trop humble deuoir,
Qui de vie & de mort ont sur moy le pouuoir ?

Pharnabaze.

Iouïssez de la vie, elle vous est renduë.
Belcar.

O supplice cruel sous grace pretenduë!
Comme vous l'entendez, Sire, c'est proprement
Au lieu de me guairir accroistre mon tourment.
Dure compassion! rude misericorde,
Qui raggraue ma peine au pardon qu'elle accorde!
Et des biens de la vie à iamais m'exilant,
Exiger de ma main mon trespas violant.
Pharnabaze.

Quoy donc? oseriez-vous, ennemy que vous m'estes,
A vostre liberté ioindre d'autres requestes?
Belcar.

Puissent ainsi que moy vos plus fiers ennemis,
D'eux-mesmes à vos pieds vn iour estre sousmis:
Puisse la liberté que vous pensez me rendre,
Pire que le seruage à vos hayneux s'estendre.
Quant à moy i'y renonce, & suis trop bien tenu
Pour rompre mon lien par vous assez cognu;
Vous estes desormais sçauant de ma demande,
Sans que par long discours plus claire ie la rende.
Pharnabaze.

Ouy ie vous entens bien, c'est qu'auec vn pardon
I'enuoye encor ma fille en la Court de Sidon?
O l'excellent party! ie receurois pour gendre,
Celuy dont tout le bien de moy seul peut dépendre!
Que i'aurois bien vengé le sang de mon enfant,

Si son hoste coulpable en estoit triomphant!
Belcar.
Non, non, ne rompez point vostre vœu de vengeance,
Qui par le mal d'autruy vous promet allegeance,
En affligeant mon pere & le priuant de fils :
Sire, vous le pouuez en faisant deux profits ;
Retenez son vnique en eschange du vostre,
En la perte de l'vn vous retrouuerez l'autre :
Que s'il n'est point pareil à Leonte en tous points,
En humble affection le sera pour le moins ;
Souuent vne alliance égale vn parentage.
Au reste s'il ne tient qu'à croistre mon partage,
Dictes de quel costé vous prendrez à plaisir
Que i'aille par main forte vn Empire choisir,
Ie ne feray sous vous nulle entreprise vaine,
Pour vous i'iray tout vif en l'infernale plaine,
I'oseray, s'il le faut, mettre encor vne fois
A l'aspect du Soleil le Chien à triple voix,
Ayant, sinon d'Hercul', la force tant vantée,
Au moins l'obeissance à vous mon Eurysthée.
Ne reiettez donc point, mais de grace acceptez
Ce qu'vne ame sans fard offre à vos volontez,
Sidon sous vostre sceptre à ce moyen se range,
Toute en submissions sa resistance change,
Mon pere & tous les siens se rendent quant-&-moy,
Nous vous serons subiets, & vous nous serez Roy ;
Sinon, dés maintenant punissez mon audace,
Effectuant sur moy la premiere menace :

Car

TRAGICOMEDIE.

Car ie iure les Dieux de iamais ne sortir
Qu'impetrant ou mourant, de l'enceinte de Tyr.
Melia. I'ay part à son sermēt, autheur de ma naissāce:
Donc si de sa vertu l'ouuerte cognoissance,
Si sa grande franchise & son hardy dessein,
Si son fidele amour, ne vous touchent le sein;
Las! Sire, pour le moins vostre fille restée
Viue par son moyen soit de vous escoutée,
Fille dont la constance assez vous a paru
Au danger auiourd'huy librement encouru ;
Moy, qui baignāt en pleurs vos genoux que i'embrasse,
Vous demande instamment nostre commune grâce ;
Car d'vn nœu si serré nos desirs sont liez
Qu'il faut que morts ou vifs ils soient appariez.
I'en parle franchement, mon amour inuincible
Rompt tout autre deuoir & m'y rend insensible.
Il n'est aucune loy, soit de nature ou d'art,
Que ceste passion ne reiette à l'escart ;
Faites-donc, mon cher Pere, appareil de deux fosses,
Si vous n'appareillez vn heureux lict de nopces:
Cela pend des desseins en vostre ame conclus,
De rauoir deux enfans ou de n'en auoir plus.
Phulter. Ne vous offensez point si pour la Republique
Au bien de ces amants ma priere i'applique,
Mon maistre, mon bon Roy, pensez plus loin qu'à vous,
Pere de la patrie ayez pitié de nous :
Iugez que si les Dieux en gloire vous recueillent,
(Ce que nous souhaittons que si-tost ils ne vueillent)

P

Vous laisserez sans chef au gré des ennemis,
Ce grand Estat par vous en sa splendeur remis;
Au lieu que nous donnant ce guerrier pour ressource
Il poursuiura le train de vostre heureuse course.
Messieurs, approchez tous, nostre interest est ioint,
Iettons-nous à ses pieds & ne les quittons point.
Phar. O cœur franc & loyal en amour cõme en guerre!
Prince plus accomply que Prince de la terre!
Belcar incomparable! & digne d'vn autel,
(Si par haute valeur l'on deuient immortel)
Digne que ses faueurs Cupidon te prodigue,
Comme tu fais ta vie en l'amoureuse brigue!
Et digne que pour comble à tes exploits guerriers
Les myrtes sur ton front querellent tes lauriers!
Quel Timon possedé de hayneuse manie,
Ou bien quel Lycaon vray monstre en felonnie,
Voire quel fier aspic, quel Libyque animal,
Auroit, non pas le cœur de te faire du mal,
Mais seroit d'vne humeur si farouche & barbare
Que de n'aymer enfin ton amitié si rare?
Dont la perseuerance emporte son effect,
Ce que tant fust-il grand ton merite n'eust faict.
   Ah! mon fils (car ainsi desormais ie t'appelle,
Touche ma dextre en foy d'alliance eternelle)
Pourrois-je, mon enfant, tout seul contreuenir,
Non seulement au Ciel qui te veut maintenir,
Mais aux vœux de mon peuple, à ma propre lignée,
Qui tous à tes desirs donnent cause gaignée?

TRAGICOMEDIE. 247

Non, ma fille est à toy, triomphe, mon Belcar,
Moy mesme ie me rends prest à suiure ton char:
Car tes puissans discours ont vaincu ma rancune,
Comme ta patience à vaincu la Fortune;
Va, ie t'accorde tout, pourrois-je auec raison
D'vn gendre mieux choisi releuer ma maison?
Que ton pere entre en ioye, & que mes pleurs s'essuyent
Que sur mesme baston nos vieux âges s'appuyent,
Que d'offense, & deffense en ligue desormais
Nos desseins soient communs & de guerre & de paix.
 Amants, embrassez-vous, confirmez l'Hymenée,
Qu'vne pure Hecatombe au temple soit menée,
Qu'en publique allaigresse on allume des feux,
Qu'on pare les portaux de tapis somptueux,
Que les festins ouuerts, les tournois & la dance
Mettent dés maintenant la ioye en euidence,
Le bien sera plus doux apres tant de trauaux.
 Quant à ce faulx ialoux, seul autheur de nos maux,
Dont l'importun regard renouuelle ma playe,
Que d'vn mesme loyer qu'Almodice on le paye,
Et qu'vn mesme buscher soit leur lict à tous deux,
Comme en vn mariage egal & digne d'eux.
Arch. Vieillard, si toy viuãt, ta femme estoit trop belle,
Ne crain point que là-bas vn tel soin te martelle,
Tu ne deuiendras pas cornu par celle-cy.
Zorote. Ie serois biē mieux veuf que d'espouser ainsi!

FIN.

SONNET,
Aux poëtes de ce temps.

BEaux esprits de ce temps, qui rauissez les cœurs
Par des pointes en l'air, des subtiles pensées,
Vos paroles de prose en bon ordre agencées
Me font rendre à vos pieds, vous estes mes vainqueurs.

Car moy ie ne suis plus courtisan des neuf Sœurs,
Des faueurs que i'en ay les modes sont passées;
Peut-estre, toutesfois, qu'aux ames bien sensées
Ma rudesse vaut bien vos modernes douceurs.

I'ay quelques mots grossiers, quelques rymes peu riches,
Mais iamais grand terroir ne se trouua sans friches,
Ie voy clocher Virgile, Homere sommeiller:

Chaqu'vn fait ce qu'il peut en vers cōme à la dance,
Mais, le bal estant long, il faut tant trauailler,
Que les meilleurs danceurs sortent de cadence.

www.ingramcontent.com/pod-product-compliance
Lightning Source LLC
Chambersburg PA
CBHW050335170426
43200CB00009BA/1602